Matthias Dhammavaro Jordan
DU bist der RAUM, in dem die Welt tanzt

AF220039

Matthias Dhammavaro Jordan

DU bist der RAUM

in dem die Welt tanzt

68 Gedichte & Betrachtungen

1. Auflage 2022

© 2022 Matthias Dhammavaro Jordan
www.achtsamkeits-training.com

Bilder und Graphiken:
Barbara Felder und Matthias D. Jordan
Foto Cover: Buddha Borobudur, Sandra Geek

Herstellung und Verlag: BoD – Books on
Demand, Norderstedt

ISBN: 9783756210473

Inhalt

Vorwort

Es begann an einem Nachmittag im Jahr 2020:
Plötzlich kamen diese Worte angeflogen und ich
musste sie aufschreiben – und es kamen viele!
Sie kamen aus der Stille, hinterließen ihren
Abdruck und fielen wieder in die Stille zurück.
So fühlte es sich tatsächlich an.
Diese Gedichte und Betrachtungen sollen Dir
Impulse geben, um auf das Leben und Dich selbst
vielleicht einen neuen Blick zu werfen.
Sie berichten von Freude und Leid, vom Fliegen
und Fallen, vom Suchen und Finden, von Sinn und
Bedeutung, von Freiheit und Weisheit, vom Leben
und Sterben – und natürlich von der Liebe.

Lehne Dich also entspannt zurück und lasse Dich
mitnehmen und inspirieren.
Ich hoffe, dass diese Texte Dich mit deiner
innewohnenden Freude und Weisheit verbinden.

Mit guten Gedanken
Matthias Dhammavaro Jordan

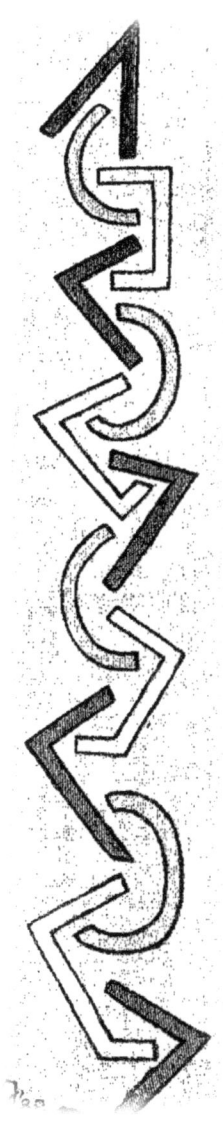

Das, was ich dir hier erzähle,

willst du manchmal gar nicht hören.
Wenn ich übers Leben rede,
kann es dich sogar verstören.

Nein, ich male hier nichts bunt,
und auch schwarz, mal ich hier nicht.
Garnichts glauben ist gesund,
bilde dir 'ne eigene Sicht.

Doch höre einfach meine Worte,
sie meinen es immer gut mit dir.
Ich stelle sie vor deine Pforte,
und wenn du willst, bleiben sie hier.

Und wenn du's nicht willst, schick sie fort.
Du kannst sie später neu einladen.
Spüren, was sie dir dann sagen.
Und immer kannst du alles fragen.

Sie sprechen hier, von mir zu dir
und kamen aus dem Raum geflogen.
Sie sprechen hier durch mich für dich,
vielleicht hab' ich sie angezogen?

Dann wünsche ich dir ganz viel Freude
mit diesen Texten, die hier stehen.
Und ob sie für dich nützlich sind,
dass wirst du dann schon selber sehen.

Beiß' hinein in dieses Leben,

saug es aus mit voller Kraft.
Denn es wird kein andres geben,
das dir das Vergnügen schafft.

Alles lutschen, alles schmecken
bis die letzten Tropfen gehen.
Willst Geheimnisse aufdecken
und auch den letzten Rest verstehen?

Aber nein, so geht das nicht.
Mit dem Denken, dieser Pein,
gibst ihm viel zu viel Gewicht
und fällst täglich darauf rein.

Willst was haben, willst was werden,
etwas sein, das willst du auch.
Zu lange schon gefolgt den Herden,
es blieb nichts als dunkler Rauch.

Jetzt stehst du hier allein,
auf deinem Trümmerfeld.
Wer nur stellte dir ein Bein,
und du verstehst nichts von der Welt?
Jetzt heißt es erstmal anzuhalten!

Schau dich um, und schaue gut.
Sag, was siehst du beim Erkalten
der vorher glühend heißen Glut?

Nichts und nichts, nur einen Haufen,
den der Wind schon bald verweht.
Du kannst rennen, sitzen laufen,
bis du merkst, dass nichts mehr geht.

Was jetzt, wohin, was kannst du machen?
Bleibe einfach wo du bist.
Hörst du wie die Götter lachen?
Hast du jemals was vermisst?

Nur eine Sehnsucht rief dich laut.
Es war die Lust vereint zu sein,
und wenn man etwas tiefer schaut,
nur in die Einheit willst du rein.

Du bist schon da, und weißt es nicht.
Hängst dich an die vielen Dinge,
und übersiehst dabei dein Licht.
Es ist, als ob man neu anfinge.

Doch es gibt kein Weg zum Ziel.
Die Bewegung, das Gerenne,
ja, das ist das Lebensspiel,
und ich bin froh, dass ich's erkenne.

Du kannst dem Leben nicht entfliehen,

dem Tanz, der mit sich selber tanzt.
Lässt ständig Neues frisch erblühen,
wovon du nie was halten kannst.

Es ist die Liebe, die du suchst,
die ewige Verbindung.
Die Selbstaufgabe ist der Preis,
das ‚Ich' ist eine Erfindung.

Gott hat uns einfach rausgeschmissen,
wo es so wohlig einfach war,
hat uns die Herzen rausgerissen,
weil das mit dem Apfel geschah.

Jetzt rasen wir durch dieses Leben,
doch eigentlich wollen wir nur Heim.
Kann es hier noch Hoffnung geben,
oder gibt's nur falschen Schein?

Die Sprache nutzt all diese Worte,
doch sie führen nirgends hin,
es sind nur scheinbar heilige Orte,

und sie bringen keinen Gewinn.

Es ist die Liebe, die du suchst,
egal was du da täglich machst,
auch wenn du eine Reise buchst
und aus Verlegenheit laut lachst.

Ein Kreis, der hat nun mal kein Ende,
auch einen Anfang hat er nicht,
erhebst dann bittend deine Hände
und hoffst, dass jemand zu dir spricht?

Immer brav wie ein Schaf?

Immer lachen für die andern?
Nichts Böses sagen,
nichts hinterfragen,
sich selbst nicht wagen?

Ein echtes Gesicht verbirgt sich nicht.
Es lacht nur wenn's lacht
und sagt, wenn's was sagt,
und das mit Recht;
denn die Wahrheit, die ist immer echt.

Die andern, die andern wer ist das schon?
Nach denen willst du dich richten?

Welch ein Hohn!

Die nichts wissen und viel sagen.
Ihre eigene Wahrheit niemals wagen.

Mit dem Winde fliegen,
sich ständig verbiegen,
sich selbst unterliegen.

Sich im Außen verrennen,
sich niemals kennen,
lassen sich lenken,
was die anderen denken.

Mit dem Finger zeigen,
aus der Angst heraus Schweigen,
mit den Wölfen heulen,
dann lecken sie die Beulen.

Das geht nicht lange gut,
dann kommt die Wut und mit ihr der Mut!
Und das tut gut!

Sei wie du bist, das ist alles was du hast.
Dann handle und rede aus deiner Kraft.

Aus der Echtheit, die sich selbst erschafft ...

Du bist gelangweilt, bist frustriert, obwohl du alles hast?

Deine Uhr und dein Auto und dein Handy passt.
Dein Körper ist gesund, in der Tasche haste Geld,
so ausgestattet, gehst du auf die Bühne der Welt.

Dann geht's in die Nacht,
triffst deine guten Freunde.
In deinem Arm ein Mädel, das von dir träumte.
Kein Hunger, kein Durst es ist alles okay,
in der Hand eine Kippe und einen Kaffee.

Doch plötzlich, wie ein Schatten und manchmal wie ein Licht, sagt eine Stimme: „Irgendwas stimmt hier doch nicht!"

Wo ist das große Glück, wovon alle reden?
Ich kann's nicht fühlen, vielleicht muss ich mehr streben?
Mehr lachen, mehr machen,
doch es muss ehrlich sein,
sonst falle ich wieder auf die Falschheit herein.

Das Falsche ist das, was nicht wirklich stimmt.

Ich brauch einen Sinn, der mich mit sich nimmt.

Doch schaue ich genau– stimmt auch hier etwas
nicht.

Denn kaum ist er da – verlässt ihn das Licht.

Brauche Ziel und Bedeutung, eine klare
Richtung?

Doch jede Bewegung erfährt sofort ihre
Vernichtung.

So ist es mit allem – es kommt und es geht.

Gibt es jemand, der das versteht?

Siehst du den Menschen neben dir?

Er will dir etwas sagen.
Seine Geschichte erzählte er mir,
und es blieben Fragen.

Woher, wohin und das warum?
Wie sollt' es anders sein?
Doch jede Antwort klang sehr dumm,
in Prosa oder Reim.

Gelebt das Leben, so wie du,
mit oben und auch unten,
dazwischen gab's auch keine Ruh,
und was hast du gefunden?

Am Ende dann, das große Staunen,
was das alles wirklich war?
Durch das Herzen geht ein Raunen
nachdem man sich all das besah.

Bedeutung, Sinn und Ziele klingen
Bedeutungsfrei und sinnentleert.

Denn als Gedanken sich verfingen,
hat sich alles umgekehrt.

Glauben wollte ich noch nie was,
und wissen konnte ich es nicht.
Denn kein Mensch zuvor
hat etwas herausgekriegt.

Dann steh ich da, in meiner Hose,
unten eng und oben weit,
in der Hand 'ne rote Rose,
für das Rendezvous bereit.

Der Tod sah anders aus als sonst.
Obwohl ihn ja noch niemand sah.
Doch sehr leicht, mit hellen Schwingen,
du glaubst mir nicht, was dann geschah.

Leichtigkeit und helles Licht,
das sich in dem Herzen bricht.
Doch das Herz blieb ungebrochen,
und unter ihm die alten Knochen.

Frei vom Körper, raumdurchdrungen,
leicht und hell und ohne Angst.
Dann hast du ein Lied gesungen,
das du in der Kindheit sangst.

Ohne Zeit, die gab es nicht.
Warst verbunden mit dem Licht.
Wolltest bleiben wo du bist,
auch wenn du nach den Sternen griffst.

So leicht kann's sein, wenn alles schweigt
und sich dann die Liebe zeigt.
Ja, mache dich schon jetzt bereit,
für ein Leben ohne Zeit.

Wonach willst du dich richten,

woran willst du dich halten,
wenn die gewohnten Leidenschaften
einfach so erkalten?

Weitermachen, kannst du nicht.
Wie sollte das denn gehen?
Im Tunnel siehst du nicht das Licht,
du kannst das Licht nicht sehen.

Eine dünne Stimme sagt zu dir:
Tja, jetzt bist du krank.
Als deine gute Stimmung
in den Keller sank.

Aus Erinnerung weißt du,
es wird auch wieder besser.
Doch schon oft lag neben dir
das spitze, scharfe Messer.

Du hast es nie benutzt,
und wirst das auch nicht tun;
denn im selbstbestimmten Tod,
gibt's vielleicht auch kein Ruhen?

Es wird gesagt, dass es weitergeht,
auf immer gleiche Weise,
hast deine Samen ausgesät
auf deiner Lebensreise.

Alles, was einen Namen trägt
ist einfach nicht zu halten
und sogar die Sonne
wird irgendwann erkalten.

Erkenne, dass du Freiheit bist.
Du bist die Liebe und das Licht.
Du bist der weite, freie Raum,
der Verstand jedoch, versteht das kaum.

Auch Schmetterlinge waren einst
'ne Raupe ohne Flügel.
Hättest du der Raupe das gesagt,
gäb' sie dir heftige Prügel.

Manchmal willst du anders sein,
als wie du grade bist,
du fällst auf deine Masken rein,
wie oft hast du dich selbst vermisst?

Und noch einmal:

Erkenne, dass du Freiheit bist.
Du bist die Liebe und das Licht.
Du bist der weite, freie Raum,
die Person jedoch,
versteht das kaum.

Die Hoffnungsvollen hoffen immer,

dass alles anders wird im Morgen,
doch sie haben keinen Schimmer
und schaffen sich nur neue Sorgen.

Die Hoffnung ist das bunte Bild,
die erstmal diese Sorgen stillt.
Doch versprechen kann sie nichts,
denn das Leben, das ist wild.

Hoffnung gibt keine Sicherheit,
sie kann dir nichts versprechen.
Du weißt nie, was noch kommen wird,
und willst auch nicht zerbrechen.

Ja, mal zwischendurch,
da kannst du sie benutzen,
spannst eine Brücke übers Leid
doch kommst du darauf wirklich weit?

Auch Sorgen gehen in die Zeit,
schwarz-grau sind ihre Farben.
Manchmal reichen sie sehr weit,
und überdecken dich mit Narben.

Du willst das Leben sicher machen?
Das alles läuft, so wie du willst?
Das Leben wird hier ganz laut lachen,
wenn eines Tages alles schmilzt.

Da gibt es niemand der was macht.
Der Tanz des Lebens ist halt so.
Und ist dein Geist dazu erwacht,
dann bist du wieder froh.

Du haderst oft mit diesen Kräften,

die du nicht so gerne fühlst?
Möchtest sie nicht an dich heften,
wenn du dich durchs Leben wühlst?

Die Angst, der Ärger und die Gier,
fühlst du wie ein wildes Tier.
Die Eifersucht und auch der Neid,
sind oft nah und gar nicht weit.

Die Depression und all die Sorgen,
die sich immer mal dir borgen.
Die Trauer und der Abschiedsschmerz,
brachen dir schon oft das Herz.

Aber jetzt, in diesem hier,
sage mir, widerfahren sie dir?
Oder bist du davon frei?
Nichts davon ist jetzt dabei!

Wie kann es sein, dass es sie gibt,
aber jetzt nicht fühlbar sind?
Und du glaubst, dass du sie bist,
glaube niemals diesen Mist.

Du hast sie nur, du hast sie nur,
und kannst sie niemals sein!
Ja, sie legen ihre Spur,
und schleichen sich herein.

Aber schau, sie gehen auch wieder,
aber dich gibt's immer noch.
Alle sangen ihre Lieder,
und verschwanden dann im Loch.

Jetzt ist dein Geist leer wie ein Raum,
bemerke es, sonst spürst du's kaum.
Dann fühle deine tiefe Freude,
mach's zur Gewohnheit, nicht nur heute.

Da ist doch diese große Lücke,

in der du eigentlich immer bist.
Doch weil du dich in der Zeit aufhältst,
weißt du nicht, wie es dort ist.

Vergangenheit und Zukunft,
sind recht und links von dir,
und da bist du meistens,
hast für die Lücke kein Gespür.

Nur manchmal, wenn Gedanken schweigen,
und niemand etwas von dir will,
kannst du in diese Lücke steigen,
und plötzlich ist's ganz still.

Da gibt's kein früher oder später,
nicht mal ein ‚ich' und auch kein ‚du'.
Es gibt kein Opfer und kein Täter,
hier hast du endlich deine Ruh'.

Doch der Verstand, der mag das nicht,
es gibt hier nichts zu tun,
hast in der Lücke kein Gesicht,
der Verstand fragt: „Und was nun?"

Er möchte in die Zeit entschwinden,
dort kennt er sich verdammt gut aus.
Er möchte keine Ruhe finden,
und möchte da schnell wieder raus.

Gestalten, denken, Pläne schmieden,
sorgen, hoffen und der Rest,
möchte mit der Zeit rumspielen,
und hält an allem gerne fest.

Der Schmerz
kommt meistens aus dem ‚Gestern‘.
Er ist dir, ach, so wohlbekannt.
Es gibt auch immer was zu lästern,
hast dich darin schon oft verrannt.

Und das, was du als ‚ich‘ benennst,
besteht nur aus Vergangenheit.
Und sobald du das erkennst,
ergreifst du die Gelegenheit:

Anzuhalten, gar nichts machen.
Nur was zu tun ist, wird getan.
Plötzlich hörst du lautes Lachen,
entledigst dich von Angst und Scham.

Als du die Lücke neu betrachtest,
erkennst du, hey, sie ist ja weit.
Sie ist nicht das, was du erst dachtest,
sie ist der Raum ohne die Zeit.

Die Echtheit lässt dir keine Ruhe,

und sie meldet sich als Angst,
wenn du mal wieder zwischen ‚Sein‘,
und etwas ‚Sein-sollen‘ schwankst.

Es ist der unpersönliche Raum,
nach dem du dich so sehnst,
doch du spürst ihn leider kaum,
weil du dich als Person meist wähnst.

Am liebsten bist du niemand,
weil du dann sein kannst, wie du bist,
und die Person, die sich erfand,
nicht deine innere Freiheit frisst.

Das ‚Ding‘, was einen Rahmen hat,
mit festen, harten Grenzen.
Das ‚Ding‘, das einen Namen hat
will in der Welt stets glänzen.

Doch ganz tief drinnen, in dir selbst,
dort hast du es so satt,
ständig etwas sein zu sollen,
und setzt dich oft Schachmatt.

Dann spielst du ungern dieses Spiel,
ein Ausstieg, der ist nicht zu sehen.

Und ja, schon lang ist's dir's zu viel,
möchtest nirgendwohin mehr gehen.

Nimm dich an, so wie du bist,
doch wie bist du eigentlich?
Es gibt kein Maßstab, der dich misst,
und der dich misst, verdirbt dich.

Das Echte in dir, das fühlst nur du,
die anderen wollen ein andres Gesicht.
Die Echtheit lässt dir keine Ruh'
und nur zu oft traust du dich nicht.

Nein zu sagen – Ja zu sagen,
je nachdem, was ehrlich ist.
Passt dich an, an äußere Rahmen,
bis du dich total vergisst.

Jetzt halt mal an und tue nichts!
Glaube nicht, was zu müssen,
du tust nur das, was zu tun ist,
und willst dich niemals mehr vermissen.

Für andre bist du dann ein Spiegel,
sie sehen vielleicht was in dir ruht?
Verpass dir selbst das Echtheitssiegel,
der Rest verbrennt in seiner Glut.

Versuchst du manchmal Halt zu finden?

Wenn du was sagst oder auch tust?
Willst dich an einen Sinn anbinden,
ein Ort an dem du ewig ruhst?

Ja, da gibt es Allerlei,
hast Vieles auch schon ausprobiert,
aus dem Einen machst du zwei,
und – wohin hat es dich geführt?

Das Hier ist wie ein großer Raum,
hier ist alles was es gibt,
doch den Raum, den siehst du kaum,
hast ihn wunderbar geschmückt.

Das Leben selbst bewegt sich hier,
es füllt den Raum mit seinem Sein.
Doch immer wieder gibt es Lücken,
spring doch mal in die hinein.

Das ist der Ort, von dem du schaust,
wie alles kommt und wieder geht,
dir keine Hoffnung neu erbaust,

siehst wie der Wind alles verweht.

Ja, das kann bedrückend sein,
wenn Strohhalme im Meer versinken,
vielleicht fühlst du dich ganz allein,
und hast Angst gleich zu ertrinken.

Im freien Fall gibt es kein Halten,
du fällst einfach, genieß es doch!
Lass deine Flügel sich entfalten,
erinnere dich, wie Freiheit roch.

Beobachte das Leben einfach,

jeden Tag gibt's was zu sehen.
Gestern blühten all die Blumen,
doch sie mussten wieder gehen.

Sie gingen eigentlich nicht wirklich,
sie verwandelten sich nur.
Langsam, stetig aber merklich
folgten sie ihrer Natur.

Es wird erklärt, warum's so ist.
Die Wissenschaft sagt viel dazu,
und wenn du nicht zufrieden bist,
gehst du zum nächsten Sat–Guru.

Der wird bestimmt was Weises sagen.
Erleuchtung, Karma und Gebet.
Du kannst ihn zur Meditation befragen,
all das, um was der Suchende fleht.

Um was geht's in diesem Leben?
Da ist die Hoffnung auf den Sinn.
Wer wird dir eine Richtung geben?
Vielleicht triffst du den Hauptgewinn?

Doch bald ist er wie diese Blumen,
die blühten und auch wieder gingen,
legst noch ein paar keltische Runen,
um später noch ein Lied zu singen.

Das lenkt dich ab von deinem Zweifel,
der dich mal hier, mal dorthin drängt.
Und wird der Zweifel dann zum Dreifel,
merkst du wie sich der Geist verfängt?

Du hast es satt, das ewige Suchen.
Und manchmal macht es sehr viel Spaß.
Eine Reise nach Indien buchen,
oder legst dich still ins Gras.

Was könnte dieser Sinn nur sein?
Ein Ankommen und ewiges Bleiben?
Du willst nur in die Einheit rein,
und schneidest sie in kleine Scheiben.

Immer nur bist du im ‚Hier‘,
warst nie woanders, oder doch?
Ja, da ist so eine Tür,
sie führt zu diesem Zeitenloch.

Da gehst du raus verlierst dich leicht,
und findest du nicht mehr zurück,
bist du in diese Zeit entweicht,
bemerke, wie sie dich bedrückt.

Und noch einmal:

Verlass dich nicht.
Ja, Ausflüge, die sind erlaubt,
erinnere dich an dein Gesicht,
bevor es ganz und gar verstaubt.

Das Schöne
ist nicht wirklich schön,

du machst es nur dazu.
Du kannst dich darin ausruhen,
und musst auch hier nichts tun.

Du rettest dich auf diese Insel,
die bezaubernd dich umarmt,
und mit sanftem Pinsel,
beschmeichelt und umgarnt.

Doch langsam steigt das Wasser,
die Insel wird ganz klein,
und eh du dich versiehst,
fällst du ins Wasser rein.

Du versuchst zu schwimmen,
die Beine sind gelähmt,
die Arme unbeweglich,
hier kann doch was nicht stimmen?!

Wie kann es sein, dass etwas geht,
was ach, so sicher dich gehalten?

Kann es etwa sein,
dass hier andre Kräfte walten?

Wo findest du jetzt sich'ren Halt?
Am Horizont kein Streifen,
du fühlst das Wasser bitterkalt,
hast keinen Rettungsreifen.

Nichts rettet dich auf dieser Welt,
was einen Namen trägt.
Da gibt es gar nichts was dich hält,
jedoch alles in tausend Stücke sägt.

Das Unbekannte kennst du nicht,
es trägt nie einen Namen,
hat keine Farbe, kein Gesicht,
es legt nur seine Samen.

Ob sie wachsen, weißt du nicht,
aus unbekannter Weite,
doch solange du etwas hältst,
stehst du nur auf einer Seite.

Dann gibt es immer das Gegenteil,
hast aus dem Einen zwei erschaffen,
hältst dich an diesem dünnen Seil,

und ordnest deine Waffen.

Die brauchst du auch zum Kämpfen,
weil ständig etwas droht.
Hast deine Weite lang verlassen
und liegst im eigenen Kot.

Es stinkt darin so wohlbekannt
doch, das stört dich nicht,
hast dich im Bekannten lang verrannt
und pinselst farblich dein Gesicht.

Das Schöne, das Schöne
ist nur die andere Seite,
und solange du daran festhältst,
erkennst du nie deine offene Weite.

Wo du sein kannst, einfach nur sein,
du Dinge kommen und gehen lässt,
verabschiedest dich vom falschen Schein,
und das Leben macht den Rest.

Erhebe dich, du kleiner Wurm

und steige aus dem engen Loch.
Lass Flügel an den Seiten wachsen
und werde damit schnell vertraut.

Dann setze dich in aller Ruhe
auf einen Stein und sieh dich um.
Spüre den Raum um deinen Körper
und die Weite Drumherum.

Dann traue dem, was du erlebst,
lass alle Zweifel zurück im Dreck,
und wenn du dich erhebst,
bekommt der Wurm 'nen Schreck.

Vor seiner eignen Kraft und Größe,
vor dieser Macht, die alles macht.
Vor der unermesslichen Weite,
höre den Teil, der in dir lacht.

Dann breite deine Flügel aus,
die ersten Schläge ungewohnt,
und während du dich dann erhebst,
bleibt nicht einmal der Wurm verschont.

Er geht jetzt in ein neues Leben.
Und du gibst dir selbst den Segen.

Das war's dann auch.
die Welt ist weit,
und mit dem nächsten Hauch,
machst du dich bereit.

Hoch zu fliegen, ohne Ziel,
einfach sein in deiner Freiheit,
spielst nicht mehr mit in diesem Spiel,
denn du bist bereit.

Die Formen, lässt du Formen sein,
du hältst dich nicht an ihnen fest.
Der weite Raum wird dein zuhause
und nirgendswo baust du ein Nest.

Zum Ruhen schwebst du unbewegt,
lässt alles sein, so, wie es ist.
Nichts musst du tun, um zu sein
und nichts gibt es, was du vermisst!

Eigentlich weiß ich gar nicht viel.

Genaugenommen, weiß ich nichts.
Ich spiel nur mit bei diesem Spiel,
und zu erreichen gibt es nichts.

Irgendwas muss man halt machen,
das geht nicht anders, ist halt so.
Du würdest gerne viel mehr lachen,
und wärst am liebsten immer froh?

Doch sollte man auch nichts erzwingen,
wenn's mal nicht läuft, so wie man will,
kannst weiter deine Lieder singen,
manche laut und andre' still.

Da ist nur dieser ewige Wandel,
du wirst dabei nicht mal gefragt.
Nein – hier gibt es keinen Handel
und Einmischung wird untersagt.

Und wenn du's anders haben willst,
als es das Leben grade macht,
merkst du, wie du langsam schmilzt,
und der Schmerz dann ganz laut lacht?

Von daher, lass es sein wies ist,
doch achte sehr auf dich;
denn du bist alles was du hast
und ziehe hier 'nen Strich.

Dann fange mit dem Wetter an,
ob Sonne oder Regen,
du sagst einfach mal ja dazu,
das ‚ja‘, ist hier ein Segen.

Das Unausweichliche kommt doch,
du kannst es nur umarmen,
dann fällst du nicht in dieses Loch
wo viele schon umkamen.

Wenn du dich auf eine Seite stellst,
dann gibt es auch die andere,
pass auf, dass du da nicht reinfällst,
dann mach dich auf und wandere....

Du kannst auch bleiben, wo du bist,
es ist egal, wohin du gehst,
und wo du deine Träume säst.
Genaugenommen, weißt du nichts.
Du machst nur mit bei diesem Spiel,
und zu erreichen gibt's nicht viel.

Was ich nicht weiß,
das muss ich glauben,

oder aber ich glaub's nicht.
Kann ich etwas wirklich wissen,
oder gibt's eine zweite Sicht?

Ich habe ja schon viel gehört,
dass es so ist, wie man es sagt,
aber wissen konnt' ich's nicht,
habe nochmal nachgefragt.

Die einen sagten lauthals ja,
die anderen sagten immer nein,
aber was ist wirklich wahr,
die Sicherheit stellt sich nicht ein.

Woher nimmst du die Sicherheit,
dass die Gedanken richtig sind?
Die du da denkst, tagein, tagaus,
die kommen und gehen wie der Wind.

Woher willst du Erleuchtung kennen?
Du hast das Wort doch nur gehört.

Du kannst es nicht einmal benennen,
fühlst dich bei Widerspruch verstört.

Wer soll das sein, der liebe Gott?
Seit Kindheit hörst du diesen Namen,
ist das nicht der reine Spott,
denn Leid trifft nie auf sein Erbarmen?

Was ist es, was du wirklich weißt,
aus eigner Erfahrung?
Gib's doch zu du glaubst doch meist,
und hoffst auf Offenbarung.

Die Ballade von der Schöpfung

Viele fragen sich, wie fing das alles an?
Und schon sind wir bei diesem alten, greisen
Mann.
Sein Name, der war Gott und er langweilte sich
sehr, er setzte sich ans Ufer, am großen weiten
Meer.

Seine Hände grub er tief in den Uferschlamm
hinein, und als er da so spielte, dachte er:
„Ist das ein Bein?"
Dann formte er ein zweites und baute obendrauf
einen langen Körper mit einem Kopf darauf.

Er schaute auf den Klumpen, es gefiel ihm was
er sah, doch fehlten noch zwei Arme,
der Schöpfung war er nah.
Dann hauchte er dem Klumpen die Lebenskraft
hinein. Und der stand sofort auf, noch wackelig
auf den Beinen.
Ein Mensch das war zu wenig, so sah der Gott
das auch, und brach schnell eine Rippe aus des
Mannes Bauch.

Jetzt formte er 'ne Zweite, und ließ sie dann
allein. Er schaute auf die Beiden und dachte:
„Das ist fein."

Er führte sie ins Paradies, wo alles nur Eins war,
und die beiden waren, ein innig einig Paar.
Sie waren nicht verschieden.
Sie waren auch nicht gleich,
und ohne es zu wissen, waren sie sehr reich.

Dem Gott gefiel das gar nicht,
er langweilte sich sogar; denn im Stillen hoffte er
– sie unterhalten ihn als Paar.
Doch Einheit ist verschmolzen, verbunden und
auch weit.
Da dachte Gott: „Hey, ihr beiden, macht euch für
das Spiel bereit."

Da hängte er den Apfel, an den verwunschenen
Baum, und legte eine Spur zu ihm aus leckerem,
süßem Schaum.
Eva hat ihn zuerst entdeckt, die Warnung
ausgeschlagen:
„Wenn du davon isst, musst du dich selber
tragen."

Sie holte dann den Adam und beide bissen rein,
und als sie ihn verschluckten,
waren sie nicht mehr daheim.

In einer fremden Welt gelandet,
wo alles kalt und grau,
doch Gott, der hatte Spaß daran,
und plante ganz genau.

„Das Spiel, das Spiel, das geht jetzt los,
jetzt müssen sie was tun!"
Und die beiden konnten,
von nun an nicht mehr ruhen.

Im Schweiße ihres Angesichts,
war alles sie kannten,
und viel zu spät bemerkten sie,
dass sie sich grad' verrannten.

Die Erde auf der wir leben
ist im freien Fall.

Sie wird gehalten von der Schwerkraft – noch.
Ich drehe mich mit und ich falle doch,
werd' gehalten, werd' geworfen und stehe wieder
auf.

Ich gehe, ich sehe, und höre und fühle,
du und ich mittendrin in dem ganzen Gewühle.
Was machen wir nicht alles in dem Auf
und dem Ab?
Die Luft wird langsam dünn und die Zeit
wird knapp.

Wieviel haben wir noch,
um zu leben und zu lieben?
Das Leben ist zum leben,
zum Nehmen und zum Geben.

Ein Fallen, ein Fliegen,
zu verlieren und zu siegen.
Und in der ewigen Bewegung,
lass dich nie verbiegen.

Lass dir nix erzählen von denen, die nichts
Echtes wissen,
dann willst du deine Echtheit niemals mehr
vermissen.

Sei wie du bist, denn das ist alles was du hast!
Dann strecke deine Hände in die Unendlichkeit,
und mache dich für die Liebe bereit.

Die Ballade vom Nichts

Es ist groß, es ist klein
und passt überall rein.
Es ist alles, es ist nichts und geht nirgendwo hin.
Ich gehöre dazu, weil ich ein Teil davon bin.

In dem Schaum leerer Raum, nur getrennt durch
die Blase.
Die dann platzt, nicht mehr ist,
ganz ohne Ekstase.
Versuchs zu verstehen,
dann wird es gleich gehen.
Die Gedanken haben es die ganze Zeit
übersehen.

Die vergleichen und werten und Meinungen
bilden.
Sie sind so beschränkt, haben ihre eigenen
Gefilden.

Aber das Kleine, das Große, die Unendlichkeit,
sind für die Gedanken einfach zu weit.
Vielleicht löst du dich auf in der ewigen Weite?
Wohin willst du sonst? Auf die andere Seite?

Und wenn du dort bleibst, bist du wieder bedrückt,
immer noch von der Einheit entrückt.

Eigentlich willst du doch nur nach Hause,
aber das Leben schenkt dir keine Pause.
Lass es ziehen, lass es gehen, lass es einfach machen.

Bleibe hier, mache mit, mache all die Sachen.
Hörst du in der Ferne wie die Götter lachen?

Lache mit, mach dich groß und feiere dich.
Und in der Freiheit, ja, dort treffe mich.

Der Buddha hat einmal gesagt,

dass es im Leben Dinge gibt, die man nicht mag.
Dann gibt es Dinge, die mag man sehr,
deshalb fällt der Abschied auch so schwer.

Von einer Lust zur anderen gehen,
um etwas über das Leben zu verstehen?
Alles kommt – alles geht,
wird vom Winde verweht.

Dann entsteht das Leid und all der Schmerz.
Er zerreißt die Gefühle, Verstand und dein Herz.
Du wirst gezogen, gestoßen und geschlagen.
Bist du bereit die Freiheit zu wagen?

Alles aufgeben, was sowieso nicht bleibt.
Alles ausspucken, was man sich einverleibt.
Weil die Dinge immer gehen, die bleiben sollen.
Da hilft kein Jammern oder Hadern und auch kein
Wollen.

Festhalten, Anhaften ist das wahre Gift.
Und der Pfeil des Schmerzes, sei gewiss', der trifft!

Nun, ich habe es nicht aus Buddhas Mund gehört,
und doch hat es mich zutiefst verstört.
In Buddhas Buch auf den Seiten eins, zwei und
drei, steht's gleich vorne mit dabei.
Edle Wahrheiten gibt es, und davon gleich vier:

Die *erste* Wahrheit ist vom Leiden,
denn das ist immer hier.
Die *zweite* scheint eine Ursache zu erkennen,
es ist das Wollen und das Haften,
wenn wir uns verrennen.
Die *dritte* stellt die große Freiheit in Aussicht.
Es ist so frei und mich gibt es dort nicht.
Die *vierte* stellt einen Weg bereit,
und wenn ich darauf gehe, bin ich befreit.

Wird das Leid dann wirklich entschwinden?
Das musst du für dich selbst herausfinden.
Und dann wirst du es sehen:
Denn es gibt Wege, die kannst du nur alleine
gehen.

Mein Sterbebett ist schon bereitet,

allerdings weiß ich nicht genau wo?
Vielleicht sterbe ich bei einem Unfall im Auto
oder mich frisst ein Tiger im Zoo.

Vielleicht sterbe ich gemütlich zu Hause,
in einem Federbett, oder aber in einem Hospiz,
das wäre auch ganz nett.
Ich weiß nicht woran oder wann oder wo,
ich weiß nur ganz sicher,
das wird die letzte Show.

Dieses Leben gelebt, all die Geschichten
erfahren.
Menschen begegnet, die Freunde mir waren.
Das Gute das Schlechte, die Freude das Leid
und im Stillen die Frage: ‚Bin ich bereit?‘

Was braucht es dazu um bereit zu sein?
Ein gutes Gefühl, gelebt zu haben?
Was ein jeder unter ‚Gut‘ auch verstehen mag.
Egal wieviel Jahre da noch kommen werden,
irgendwann kommt der letzte Tag.

Was bleibt, wenn die Sehnsüchte nicht mehr
brennen?
Nach Wohlstand, nach Frauen, nach Ruhm oder
Geld.
Wird es dann aufhören, das ewige Rennen?
Und kommt es zum Frieden in meiner Welt?

Bin ich bereit den großen Sprung zu wagen?
Der Tod wird mich nicht um Erlaubnis fragen.
Ich frag' mich schon jetzt, was ich dann seh',
und ich weiß, ohne Hingabe tut das Leben weh.

Und der Tod ist ein Freund,
der mich vom Leben erlöst,
und bei mir auf keinen Widerstand stößt.
Das werde ich dann sehen, wenn es soweit ist.

Ich hoffe, dass du mir willkommen bist.

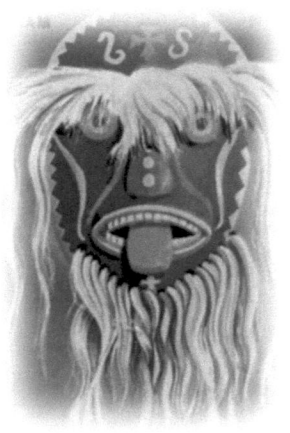

Hallo, ich bin der Schalk.

Was du kennst mich nicht?
Manche erschrecken vor meinem Gesicht.
Schenke mir nur kurz dein Ohr,
dann stelle ich mich dir mal vor.

Du läufst durchs Leben oft verbissen,
fühlst dich hin- und hergerissen.
In mir erweckt das Heiterkeit,
bist du für die Verwandlung bereit?

Wieso nimmst du das Leben ernst?
Vielleicht weil du ständig von etwas schwärmst.
Willst was haben, willst was werden und
obendrein noch etwas sein?

Genau hier halte ich dich an und schlage
mittenrein.
Mitten ins Gesicht, damit du mal erwachst
und eines Tages hoffentlich mit mir darüber
lachst.

Verbissen, begrenzt und voller Sorgen,
willst du dich dem Leben borgen?
Hast Bilder von dir selbst geschaffen,

zum Schutz einen Schild und zum Kämpfen
haste Waffen.
Bleibst schnell an Gefühlen hängen
und Meinungen hast du auch?
Voll bis obenhin, daher der dicke Bauch.

Du hast dich oft verrannt – in diesem
Lebensspiel.
Und wie ich sehe, ist dir's noch nicht zu viel.
Willst weiter rennen, hoffen, leiden,
suchen, finden, wieder scheiden.
Und dann kannst du dich nicht mehr leiden.

Wissen tust du auch nicht viel,
machst einfach mit bei diesem Spiel.
Hörst auf andere, vergisst dich selbst,
bis du in die Grube fällst.

Dort liegst du mit gebroch'nen Knochen,
die Haut hängt fetzenhaft am Rumpf.
Hast dich tief im Schmerz verkrochen
und alle Wahrnehmung wird stumpf.

Dann schmunzle ich und lache laut
und frage mich: Ob sie sich traut?
Aufzustehen, sich zu zeigen,

aufzugeben falsches Schweigen.
Fliegen wies die Adler machen
in die Höhe voller Lachen.

Ich der Schalk, auch Narr genannt,
nehme dich jetzt an der Hand.
Und zeige dir die Leichtigkeit,
ich hoffe nur du bist bereit.

Ich hol dich raus, aus deinem Schlaf:
Werde zum Wolf und nicht zum Schaf.
Lasse dich auf nichts begrenzen,
ab und zu die Pflichten schwänzen.
Die anderen schauen erwartungsvoll
und du fragst, was ich hier soll?

Umarme dich und feiere dich.
Sag zu dir: Ich liebe mich.
Denn alle wollen Freude leben,
und zwar immer, nicht mal eben.
Verbundenheit, das große Ziel,
ach, dir wird es schon zu viel?

Alles sollst du reichlich schmecken,
versuch's zu halten, dann wirst du verrecken.

Manche glauben mich erkannt,
dann haben sie sich schon verrannt.

Ich wechsle Gesichter, ziehe Masken auf,
nehme Verachtung lachend in Kauf.
Die Angst kriegt Angst wenn sie mich sieht,
vor meiner Kraft sie schnell entflieht.

Und Depressionen, welch ein Hohn,
sie sind des Rückzugs billiger Lohn.
Die große Weite biete ich an,
ob du Diverse bist, Frau oder Mann.
Hey, schließe dich mir einfach an.

Ein Joker bin ich übrigens auch
und spüre ich den Todeshauch,
dann gebe ich mich gern hin
weil ich nämlich ein Niemand bin.

Ein Liebesgedicht für Carola

Dieser Moment ist ewig,
doch wir können darin nicht verweilen.
Deshalb halte mich in deinen Armen fest
und lasse die Zeit ohne uns,
auf ihren Bahnen eilen.

Ich habe es noch nie verstanden,
warum alles so ist, wie es ist.
Doch ich sah, wie sich viele verrannten,
getrieben vom Wollen und mancher List.

Angekommen ist noch niemand,
beim letzten zuhause irgendwo.
Sie reisten durch jedes Land,
doch nirgendswo waren sie froh.

Dann ging es weiter und weiter
in der Hoffnung auf ewiges Bleiben.
An den Enden der verbundenen Leiter
ein ständig bewegtes Treiben.

Deshalb halte mich einfach nur fest,
denn dieser Moment ist ewig.

Hier bleib ich und bin nichts. Das ist der Preis.
Eine Frage wird laut: ‚Was sollte der Scheiß?'

Ach ja, es gab auch das Schöne,
aber auch das musste gehen,
bunte Farben und laute Töne
und am Ende war nichts geschehen.

Das Dazwischen, Darüber, das Rechts und
das Links.
Manchmal Darunter, auch anderswo stinkt's.

Wo willst du hin?
Wenn nicht dahin wo du bist?
Und dann die Gewissheit:
Nichts hab' ich vermisst.

Deshalb halte mich fest in deinen Armen,
        und lasse die Zeit ohne uns ziehen
                auf ihren Bahnen.

Merkst du wie du langsam schrumpfst,

wenn andre sagen, mit dir stimmt was nicht?
Du in Sorgen dann versumpfst,
verachtest langsam dein Gesicht?

Den Ärger sollst du niemals zeigen,
den Neid vor anderen verschweigen.
Die Gier, das Übel aller Dinge
und andres, was im Geist drinhinge,
sollst du töten, schnell loswerden
damit's dir gut geht hier auf Erden.

Aber geht das wirklich so?
Dieser ewige Kampf der Kräfte,
und das Schlachtfeld, das bist du.

Aber wenn du einfach schaust,
und mit Achtsamkeit dich traust,
kannst du den Teufel zum Tee einladen,
ihn nach seiner Meinung fragen,
hören was er dir erzählt,
denn du bist diejenige, die dann wählt.

Nicht zu lügen oder morden,
gierig rauben, Reichtum horten.
Du bist die Insel und das Licht.
Ich bitte dich, vergiss das nicht.

So mancher Guru oder Meister
zieht daraus seinen Gewinn.
Erst ruft er die bösen Geister
und bietet dir den tieferen Sinn.

Er macht dich glauben was zu haben,
was so unermesslich ist.
Und dann öffnet sich der Graben,
und du glaubst noch all den Mist.

Dein geistiger Raum ist immer leer,
er wird nicht weniger oder mehr.
Besucht wird er von Gier und Neid,
doch dazwischen bleibt es weit.

Aber all DAS bist du nicht,
schalte ein dein inn'res Licht.

Es bescheint die ganzen Kräfte,
und du erkennst: Ich bin das nicht!
Du kannst sie lassen, wie sie sind.
Warst du vorher etwa blind?

Einfach lassen, nichts verändern,
denn dein Geist ist immer leer.
Besuch bekommt er allerlei,
Gier und Ärger sind dabei.
Doch was kommt, muss wieder gehen,
überall kannst du das sehen.

Alles ist total berechtigt,
nur, du hast dich selbst ermächtigt.
Niemand glauben, selbst erforschen,
hören was ein andrer sagt,
doch du kommst zu deiner Antwort,
und der Guru bleibt ungefragt.

Selbst Buddha hat es angeraten,
bloß zu glauben bringt dir Schaden.
Nur, was du für dich selber weißt,
gibt dir einen freien Geist.

An diesem Morgen war es anders.

Der Himmel rot, die Sonne blau,
die Stimmen seltsam am erschaffen,
und Töne klangen plötzlich rau.

Kein Körper der bewegt sein wollte,
nur tiefe Stille Drumherum,
etwas klang von Draußen laut,
dann war es wieder stumm.

Es ist schon viel passiert,
am Ende jedoch nichts geschehen.
Hast alles wohl studiert
es fehlt nur das Verstehen.

Verstehen ist begrenzt durch Zeit.
Das Herz erfasst die Dinge weit.
Sie sind nicht zählbar, ohne Rahmen,
nicht benennbar, ohne Namen.

Schau nicht nach vorne oder hinten
und lasse dich vom Leben finden.

Mit dem, was kommt, gehst du nicht mit,
nicht einen gottverdammten Schritt.

Denn Dinge kommen und gehen wieder
und singen ständig Abschiedslieder.

Die Seifenblase ist nicht zu halten.
Sie schwebt im Raum ganz farbenfroh.
Erfreu dich dran und lass sie walten,
und wenn sie platzt, dann ist's halt so.

Dazwischen nur die freie Weite
man findet sie auf jeder Seite.
Und darin spielt sich alles ab,
dort hast du alles, nichts ist knapp.

Absichtslos geht der Pfeil in Ziel,
so tanzt man in dem Lebensspiel.
Dann ist es wieder frei und leer.
Und du fragst: „Was will ich mehr?"

Ich schau von Hinten

Wir spielen jetzt einmal ein Spiel,
es heißt: „Ich schau von Hinten",
direkt auf dieses Leben drauf,
was wirst du hier wohl finden?

Du liegst auf deinem Sterbebett,
jetzt ist es schon soweit,
du bist genau hier angekommen,
auf deiner Reise durch die Zeit.

Wie geht es dir, wie fühlst du dich,
bei dieser Schau nach hinten?
Und wenn du jetzt ganz ehrlich bist,
nur Geschichten wirst du finden.

Alles war, und nichts ist mehr,
nur Spuren, die gelegten,
fielen wie Tropfen in das Meer,
als Geschichten, die bewegten.

Mal hoch und runter, rechts und links ,
manchmal war es nicht ganz leicht,
und in all' dieser Bewegung,
was hast du erreicht?

Was hast du gefunden?
Was hatte einen Wert?
Gab es Sinn oder Bedeutung?
Und glaube mir, nichts war verkehrt.

Gibt's noch Sehnsüchte, die da brennen,
oder ist's in dir ganz still?
Hat es aufgehört das Rennen,
oder sagt etwas: „Ich will!"?

Dann lege alle Lasten nieder,
du brauchst nichts mehr zu halten,
und du erkennst dann wieder,
dass hier andre Kräfte walten.

Und ruh dich in der Liebe aus,
denn da bist du daheim.
Im Leben schon war sie die Wiege
als dein wahres Sein.

An der Schnittstelle
zwischen Raum und Zeit,

ich glaub dort wohnt die Ewigkeit.
Der große Raum, der alles ist,
wo du niemals was vermisst,
wo Liebe das Aroma ist
und niemand fragt dich, wer du bist.

Da gibt es nämlich keinen Zweiten,
kannst nichts halten, kannst nichts meiden.
Keinen Verlust und keinen Gewinn,
und Worte reichen da nicht hin.

Da gibt's kein Schatten und kein Licht,
nein, all das gibt es dort nicht.
Auch wenn nichts bleibt was gehen muss,
gibt's hier keinen Abschiedskuss.
Wohin kann hier schon etwas gehen?
Und, wer kann all' das schon verstehen?

An der Schnittstelle zwischen Raum und Zeit,
ich glaub Du bist die Ewigkeit.

Ja, ich bin für Vieles dankbar.

Doch wem genau danke ich hier?
Nachdem ich mir all das besah,
erkenne ich: Ich danke mir!

Das ich bin, so wie ich bin.
Das ich mit dem Leben ging,
manchmal in Geschichten hing,
weil der Geist sich oft verfing.

Und allen Menschen danke ich,
mit denen ich mein Leben teilte,
denn sie erinnerten mich,
wenn ich in die Zeit enteilte.

Die Schatten der Vergangenheit
machen mir oft noch zu schaffen,
manchmal sind sie gar nicht weit,
ja, dann hol ich meine Waffen.

Ich danke der Erinnerung,
die sagt: Leg' deine Waffen nieder.
Denn, hier gibt es nichts zu kämpfen,
ja, das sagt sie immer wieder.

Sich hinzugeben ist nicht leicht,
wenn das Vertrauen manchmal schweigt,
wenn's ständig der Kontrolle weicht,
und sich die Liebe dann nicht zeigt.

Ich danke mir, für das Empfangen,
dass ich die Gabe dafür habe,
konnt' so Vertrauen zurückerlangen
und so heilte manche Narbe.

Dankbarkeit ist nur ein Wort,
und möchte sich an etwas binden.
Ich glaub' sie ist die reine Freude,
und nur in dir kannst du sie finden.

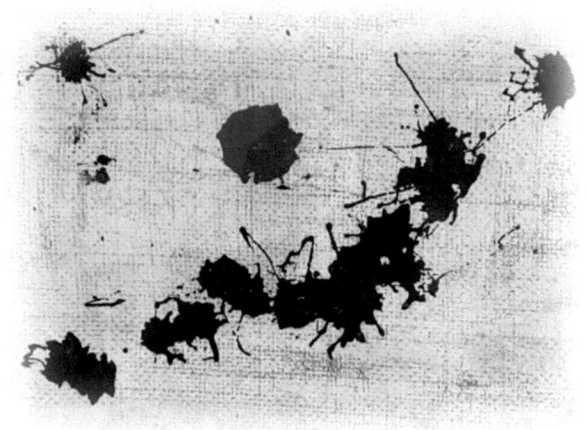

82

Was will ich eigentlich wirklich sagen?

Diese Frage möchte ich wagen,
und sie fällt direkt vor mir,
auf dieses weiße Glanzpapier.

Die Worte werden's niemals treffen,
denn ‚süß' trifft niemals den Geschmack.
Auch ‚sauer' wirst du hier nicht schmecken
mit allem deinem Gutgeschmack.

Was mach ich jetzt, mit den Begriffen?
Ich wähl sie aus und setze sie,
kann die Erfahrung gut umschiffen,
doch die Bedeutung treff' ich nie.

Jedoch, ich will es weiter wagen,
und biete dir hier Worte an.
Vielleicht können sie dir etwas sagen,
und kommen immer dichter ran.

Lass dich nicht täuschen von dem Wort,
es weist nur hin – wohin auch immer.
Es führt dich schnell zu manchem Ort,

doch den Geschmack, den schmeckst du
nimmer.
Dann musst du dich schon selbst bewegen,
auf deinem Weg, ich nenn's mal so.
Das Leben ist ein großer Segen,
doch Heimat findest du nirgendwo.

Da ist das Eine und das And're
all das hat seinen eignen Wert,
und während ich so wandere,
erkenne ich: Nichts ist verkehrt.

Worte können dich erinnern,
an eine Zeit, die niemals ist,
denn alles was darin geschieht,
zeigt dir niemals wer du bist!

Dann stehst du da, versuchst zu fühlen,
ob es eine Richtung gibt.
Kannst die Vergangenheit durchwühlen
wer ist es, der die Worte tippt?

Gib alles auf, lass alles sein,
versuche nicht, etwas zu werden.
Befreit von diesem Klotz am Bein,
wird es sehr leicht auf Erden.

Nimm doch mal die Brille ab,

am besten, dein Gesicht
und du wirst schnell sehen:
Hey, mich gibt es nicht.

Da sind all' die Gedanken,
Gefühle gibt es auch,
die sich um Geschichten ranken
und füllen den ganzen Bauch.

Du meinst etwas zu wissen?
Doch, das kommt und geht,
und es gibt hier niemand,
der all' das versteht.

Wer bin ich eigentlich wirklich?
Der Gedanke stellt sich ein.
Du hast nur eine Ahnung
und fällst darauf herein.

Dann schaffst du all die Bilder,
wer du jetzt wirklich bist,
schreibst Namen auf die Schilder,
damit du's nicht vergisst.

Doch später steht was and'res drauf.
Wer hat das wohl geschrieben?
Nimmst die Namen schnell in Kauf,
versuchst sie zu verschieben.

Bezeichnungen, die bleiben nicht,
beschreiben niemals dein Gesicht,
denn dein Gesicht ist immer leer,
doch was darin ist, trägt sich schwer.

Die Leere lässt sich füllen,
mit Farben leicht umhüllen
und schaust du ehrlich in dein Gesicht,
wirst du erkennen: Mich gibt es nicht.

Wo kommt der Antrieb her zu leben?

Wo geht die Reise eigentlich hin?
Ich kann ja nichts dafür,
dass ich als Mensch geboren bin.

Seltsam mutet es fast an,
das tägliche ‚sich bewegen‘.
Was fang ich mit dem Leben an?
Wer gibt mir seinen Segen?

Jede Frage will 'ne Antwort,
doch vermutlich läuft's so nicht.
Gehe stets von Ort zu Ort
und verstecke mein Gesicht.

Das echte, das wahre, das Augen hat.
Manchmal sehr klar, ein andres Mal matt.
Ich bewege mich ständig, ruhe manchmal auch
aus, doch am liebsten bleibe ich Zuhaus‘.

Alles was war, waren nur die Geschichten,
die das Leben für sich selbst erfand.

Später kann man sie schreiben und dichten,
wie es neulich in einem Buche stand.

Und so wird er gesucht, ein Sinn überall,
doch gefunden wird nur der Sündenfall.
Wir begannen das ‚eine‘ gegen das ‚andere‘ zu
stellen, und werden's nicht müde
Meinungen zu fällen.

Eine Lust für den Tag, eine Lust für die Nacht,
dann hab' ich das Leben lustvoll verbracht.
Doch geblieben ist nichts von all dem Gemache,
und verließ mich ständig in eigener Sache.

„Was soll's?", könnt ich sagen,
„so ist's immer gewesen".
Und bleiben keine Fragen,
werde ich vom Leben genesen.

Nein, nirgends wirst du ankommen,

wo könnte das denn sein?
Auch wenn hinter deinen Träumen,
die Hoffnung liegt als falscher Schein.

Dann gibt es nur noch Hiersein,
dem du nicht entfliehen kannst.
Was ist so unerträglich?
Am Leben und am Lebenstanz?

Hast du dich jemals angestrengt?
Kopf und Arme dir verrenkt?
Bis gerannt oder geblieben,
hast schnell etwas aufgeschrieben?

Weiter ging's auf Adlerflügeln.
Stiegst hinab zu dunklen Hügeln.
Weiter ging's – wohin auch immer.
Es wurd' nicht gut und wurd' nicht schlimmer.

Aber bleiben konnt' es auch nicht,
so steht's dann später im Gedicht.
Wichtig ist nichts wirklich,
im ewigen Kommen oder Gehen.

Es gibt nichts zu erreichen,
das ist nicht leicht zu sehen.
Ständig sich bewegen, immer etwas tun,
um anzukommen irgendwo,
vergisst oft auszuruhen.

Und niemand gibt es wirklich,
der all das versteht.
Das ist auch nicht so leicht,
weil's sowieso gleich geht.

Das ‚ich' und ‚du' und all die Namen,
die wir uns ständig geben,
bringen das kleine Ichlein hervor,
und das will ewig Leben.

Es will was haben, will was werden,
am liebsten will's unsterblich sein.
Es wechselt jeden Tag die Namen,
und jedes Gesicht passt da hinein.

Und irgendwann dann glaubst du,
dass du ein jemand bist.
Mit allen diesen Farben,
mit denen du dich malst.

Und du hast vergessen,
dass du von Innen strahlst.

Wo ist jetzt die Bedeutung,
und wo ist dieser Sinn?
Von all' dieser Bewegung,
wo ist der Sinn nur hin?

Kein Ziel, kein Sinn, bedeutungsfrei,
geht auch dieser Tanz vorbei.

Manchmal fühle ich nichts in meinem Kopf,

es kommt mir so vor, als sei er ausgetropft.
Wo kam eigentlich all die Scheiße her?
Von da draußen irgendwo – ich weiß es nicht
mehr.

All die vielen Worte aus vielen Mündern,
Politiker sprechen über hungernde Kinder.
Sie kämpfen, sie schießen, sie machen sich Tod
und reißen andere in tiefe Not.
Ständig wollen sie was verkaufen,
Autos, Klamotten, dann den Frust wegsaufen...

Jetzt steh' ich hier in diesem Leben und mache
mit.
Ich hab' keine Wahl, genaugenommen ist vieles
egal.
Dinge kommen und gehen – und kommen und
gehen ...besonders im Herbst, kann man es
deutlich sehen ....

Die Blätter fallen – dann vom Winde verweht
und kahle Bäume,

    – seht – seht – seht –

Dann suche ich nach dem, was irgendwie Wert
hat:
Was sagt mir eigentlich das tote Blatt?
Das es war, das es ist, das es weitermacht,
sich verändert, dann verrotten, es folgt der
Lebensmacht.

Ich atme ein – ich atme aus –
und fühle mich.
Aber wer ich wirklich bin,
dass weiß ich nicht.

Kann mal jemand das Licht anmachen?

Lass sie machen – lass sie gehen – lass sie weiterziehen.

Wahre Liebe – wohin kann sie schon gehen?
Es war eine Zeit der Gemeinsamkeit,
doch für vieles ward' ihr nicht bereit.

Klar, das Schmusen und Lieben und Lachen
konnten im Herzen die Freude entfachen.
Aber sich verrenken, sich verbiegen,
ja, statt nein zu sagen, geht nicht lange gut,
dann musst du dich selber wagen.

Alleine bist du immer,
auch wenn sie dich umringen,
und dir ein Ständchen zum Geburtstag singen.

Findest du keinen Menschen an deiner Seite,
dann streife wie ein Nashorn
durch die unendliche Weite.

Oder fliege wie ein Adler,
durch den mächtigen Raum,
landest auf Gipfeln oder einem Baum.

Freiheit ist das große Wort.
Auf deinen Schwingen nimmst du sie mit dir
fort.

Auch wenn kein anderer neben dir ist,
und du Gesellschaft nicht mehr vermisst,
erst, wenn du alleine sein kannst bist du bereit,
    für die Reise in die Liebe,
        aber dann auch zu Zweit.

Die Saga von der Kröte

Kühlwalda war des Meisters Kröte,
sie folgte ihm auf Schritt und Tritt,
ob er auf 'nem Adler flog
oder hoch zu Rosse ritt.

Die Weisheit war ihr anzusehen.
Der Rücken war damit gespickt.
Ihr war's egal wohin sie gehen,
Hauptsache, sie konnte mit.

Obwohl sie ganz tief drinnen wusste,
all das ist egal.
War's eine innere Stimme,
die ihr das befahl?

Rumzuunken, weit zu springen,
liegen, watscheln, fressen auch,
in der Sonne lag sie gerne
auf ihrem gut gefüllten Bauch.

Doch eines Tages kam der Meister.
In dem Gesicht der Unmut saß,
weil er vergessen diese Formel,
die solche große Macht besaß.

Einundzwanzig Mückenschwänze?
Fünfzehn Mäusefüße auch?
Doch es reichte nicht zur Gänze,
wie das meistens war der Brauch.

Kühlwalda war das nicht entgangen,
wie der Meister Mäus' wollt fangen.
Aber, was soll man sonst auch machen?
Vielleicht den ganzen Tag lang lachen?

Liegen, schweigen, essen, reden.
Hierhin, dorthin manchmal weiter.
Wer zieht die unsichtbaren Fäden,
bewegt uns auf der Lebensleiter?

So kündet jede neue Geschichte,
wobei der Inhalt schon verblast,
nur von einem anderen Gedichte,
worin man liebte, und auch hasst.

Kühlwalda konnt's so stehen lassen,
keine weiteren Fragen mehr,
keine Geschichten mehr verfassen,
und sprang hinein, ins weite Meer …

Das Hochgehängte abgewertet,

weil Kleinsein unerträglich ist.
Doch niemals warst du wirklich klein,
hast deine Größe nur vermisst.

Es ist das ewige Bewerten,
was dich von dir und anderen trennt.
Doch so ist es hier auf Erden,
dass jeder nach dem Besten rennt.

Doch eigentlich ist alles gleich,
die Trennung gibt es wirklich nicht.
Du fühlst dich arm, du fühlst dich reich,
schaust jeden Tag in dein Gesicht.

Es weint und lächelt, je nachdem,
was dir geschieht in diesem Leben.
Und du fragst dich: Wem?
Soll ich meine Liebe geben?

Wie wär' es dich mal freizulassen?
Vom Denken, Fühlen und dem Rest.
Kannst weiter lieben oder hassen,
hältst die Gedanken nicht mehr fest.

Da ist der Raum und das Dazwischen,
in dieser Lücke ruhst du aus.
Keine neuen Geschichten mischen,
und trittst aus dem Bekannten raus.

An Freiheit muss man sich gewöhnen,
es ist dort frei, auch ohne dich,
kannst dich mit allem gleich versöhnen,
es lebt sich leichter ohne Ich.

Nur, wer bereit ist auch zu sterben,

lässt das Bekannte gern zurück.
Denn das Bekannte ist erstarrt,
doch, man macht da täglich mit.

Es ist vertraut, die Spur gelegt,
auf der man sich sehr schnell bewegt.
Doch in der Weite ist es frei,
denn die Person ist nicht dabei.

Das Alte, das Starre, das sich erschaffen hat,
doch die Freiheit in dir, hat das alles satt.
Zu sein wie sie wollen, Ziele verfolgen,
sein wie die andren, bekannte Wege wandern.

Totes Lachen, wies so einige machen,
begrenzte Freude, rennen mit der Meute.
Ein Jemand sein –
doch du passt nicht mehr rein.

Du willst die Weite spüren,
andre berühren,
grenzenlos sein,
ohne Klotz am Bein.

Dich im Raum auflösen,
in der Sonne dösen,
die Liebe verstreuen,
ohne was zu bereuen.

Dann lerne zu fliegen
wies die Schmetterlinge machen,
und vergiss nicht dabei,
von Herzen zu lachen.

Eingerichtet im Gefängnis,

was du sehr bald als ‚ich' erkennst,
da findest du den ganzen Kram,
mit dem du durch das Leben rennst.

Die Meinungen, der große Spalter,
stellt sich dagegen, wohin auch sonst?
Dann gibt es noch den Gegenhalter
der auch nicht besser ist, was soll's?

Du hast dich lang schon eingerichtet,
in diesem Sein mit all den Sachen.
Bist halb zufrieden und verpflichtet,
nur selten hörst du noch dein Lachen.

Meistens schaust du nach da draußen,
ob dir die Welt noch wohlgesinnt.
Ob andere zustimmend dir nicken
oder sagen: „Hey, der spinnt!"

Du ziehst aus deiner großen Sammlung,
eine Maske, die dir sehr vertraut,
und gehst mit ihr 'ne ganze Weile
bis du selber daran glaubst.

Doch eine leise, feine Stimme, die lacht
und manchmal klagt, hörst du immer wieder.
Was ist es, was sie sagt?

  „Hey, wach auf, hier stimmt was nicht!
Schau doch mal in dein Gesicht.
Wo ist dein Sein ohne den Rest?
Fühlst du dich wohl in deinem Nest?
Erinnere dich, erinnere dich
und kehre zu dir selbst zurück.

  Du bist noch leichter, als der Wind,
weit und frei, so wie ein Kind.
Dein Sein im Sein, ganz unberührt,
die Welt hat es noch nicht verführt.
Das, was ist und niemals geht,
Zeit und Wege nicht versteht,
ohne Müssen geht es auch,
der Rest verbrennt im eignen Rauch."

Dann bleibt, was nicht mehr teilbar ist,
nicht klein, nicht groß und nichts dazwischen.
Niemand fragt noch wer du bist.
Wer kann die Einheit mischen?

An diesem Morgen war es anders.

Der Himmel rot, die Sonne blau,
die Stimmen seltsam am erschaffen,
und Töne klangen plötzlich rau.

Kein Körper der bewegt sein wollte,
nur tiefe Stille Drumherum,
etwas klang von Draußen laut,
dann war es wieder stumm.

Es ist schon viel passiert,
am Ende jedoch nichts geschehen.
Hast alles wohl studiert
es fehlt nur das Verstehen.

Verstehen ist begrenzt durch Zeit.
Das Herz erfasst die Dinge weit.
Sie sind nicht zählbar, ohne Rahmen,
nicht benennbar ohne Namen.

Schau nicht nach vorne oder hinten,
und lasse dich vom Leben finden.

Mit dem, was kommt, gehst du nicht mit,
nicht einen gottverdammten Schritt.

Denn Dinge kommen und gehen wieder
und singen ständig Abschiedslieder.

Die Blase, die ist nicht zu halten,
sie schwebt im Raum ganz farbenfroh.
Erfreu dich dran und lass sie walten,
und wenn sie platzt, dann ist's halt so.

Dazwischen nur die freie Weite,
man findet sie auf jeder Seite.
Und darin spielt sich alles ab,
dort hast du alles, nichts ist knapp.

Absichtslos geht der Pfeil ins Ziel,
so tanzt man in dem Lebensspiel.
Dann ist es wieder frei und leer.
Und hier die Frage: „Was willst Du mehr?"

Steig hinab in diese Tiefen,

in deine innere, dunkle Welt.
Dort findest du die ganzen Kräfte,
die, die Person zusammenhält.

Die Gier, der Ärger und der Neid,
machen sich zum Sprung bereit.
Der Missmut und die Opferhaltung
kommen auch nicht zur Erkaltung.

Die Arroganz, das falsche ‚Ich‘,
ja, all die betrügen dich.

Doch ist da noch ein andrer Raum.
Er ist versteckt, man sieht ihn kaum.
Da sind die Freude und die Liebe
sie können sein auch ohne Triebe.

Sie wollen sich entdecken lassen
und dich freudvoll weit umfassen ....

Mit dem Ärger kam die Farbe

und tränkte so das Wasser rot.
Kam es von der scharfen Zunge?
Oder war schon jemand tot?

Sonst ist das Wasser rein und klar,
doch manchmal tropft da Farbe rein,
und wie ich neulich deutlich sah,
blau, gelb und grün waren auch dabei.

Und diese Farben, welch ein Graus
dehnen sich im Wasser aus.
Dann wird es trüb und bunt gemischt,
und nichts davon wird rausgefischt.

Dem Wasser wird es angst und bang,
es fühlt sich eng und fühlt sich klamm.
Zuvor war es nur nass und klar,
jetzt ist's getrübt, ganz offenbar.

„Herbei, herbei, so helft mir doch,
lasst mich fließen in ein Loch,
legt einen Filter oben rein,
dann werd' ich wieder sauber sein."

Doch dann goss jemand Öl ins Wasser.
Die Farben wurden so gebunden.
Jetzt waren's nur noch bunte Flecken,
so hat das Nass einen Filter gefunden.

Die Farben müssen nicht verschwinden,
nur überschaubar sollt' es sein.
Dein Geist, dein Herz ist wassergleich,
auch mit den Farben bist du reich.

Hab sie im Blick, dann beißen sie nicht,
und freudvoll bleibt dein Angesicht.

Irgendwie versucht jeder
ein Jemand zu sein,

und stellt sich somit das eigene Bein.
Dein Körper wird zum festen Brocken,
das Atom darin bleibt unerschrocken.

Doch auch hier kann man nicht bleiben,
denn schneidet man das Atom in Scheiben,
dann gibt es noch viel kleinere Teile,
sie tanzen im Raum ganz ohne Eile.

Und schnappt man sich das allerkleinste,
das lieblichste und allerfeinste,
muss man sich ganz schnell eingestehen,
hier gibt es wirklich nichts zu sehen.

Da gibt es nichts, was wirklich ist,
und Du fragst noch, wer du bist?

Hingabe ist ein großes Wort,

man kann es sagen, schreiben,
dann die Frage, was es ist:
Vielleicht ein ewiges Bleiben?!

Mit dem, was ist, was kommt und geht,
du lässt es einfach ziehen,
niemand da, der das versteht,
kannst dem Leben nicht entfliehen.

Vertrauen schwingt auch leise mit.
Es gibt sich freudvoll hin.
Das Leben ist ein wilder Ritt,
weil ich ein Menschlein bin.

Die Liebe ist der große Raum,
der Alles weit umhüllt.
Sie trägt das Leben wie ein Baum,
durch Verbundenheit erfüllt.

Unglaublich, unfassbar,
die unendliche Weite.

Wer kann sie schon fassen –
sie hat keine Seite.
Es gibt nichts zu halten –
lass die Kräfte walten.
Sie nehmen dich mit – auf Schritt und Tritt.
Der Schmerz ist ein Knoten,
Energie ist gebunden,
und wie oft hast du dich darin gewunden?
Die Knoten zerschlagen,
den Schmerz erlösen,
in die Weite fliegen, nie mehr verbiegen.

Freiheit erleben – Begrenzung aufgeben,
die Person entbinden – die Liebe finden.
Das Kleine ist da – das Große ist weit.
Ein Niemand sein – bist du bereit?

Fühle dich in deiner Größe.
Erhebe dich in deine Macht,
und du wirst schnell merken,
dass bei diesen Worten,
„Etwas" in dir lacht.

114

Vom ‚Niemand-sein‘ will ich dir singen,

auch wenn das Lied niemand hören mag,
und als Gedanken sich verfingen
machte sich der ‚Jemand‘ stark.

Dann war das Lied schon am Verstummen,
weil's sang, was niemand hören will.
Man hörte nur noch leises Brummen,
dann war es wieder still.

Ein Aufbegehren hat's gegeben,
da wollte jemand anders sein,
da wollte einer anders leben,
denn er passte nirgends rein.

Alles war auf einmal eng,
und Halt, den gab es nicht.
Doch es machte plötzlich Peng,
und er verlor all sein Gewicht.

Der alte, graue schwere Sack,
so lange schon getragen,
und zurück kam der Geschmack,

jetzt wollte er es wagen.

Ein Niemand statt ein Jemand sein,
er freute sich schon sehr.
Der Jemand, dieser Klotz am Bein,
er brauchte ihn nicht mehr.

Und auch die Leere nicht mehr füllen,
mit dem bekannten, alten Kram,
auch wollte er sich nicht umhüllen,
mit Angst, Verzweiflung oder Scham.

Was blieb, war einfach das, was war.
Es war letztendlich gar nicht viel,
und als er's sich nochmal besah,
es reichte für das letzte Spiel.

Das Unbeschwerte, ist ganz leicht,

weil das Schwere nicht mehr ist.
Hast dich vom Schweren ganz befreit,
und hast nichts mehr dazu gemischt.

Jetzt lässt sich alles leichter tragen,
ja, fragen könnt' man allerlei,
doch warum sollte man was sagen,
wenn kein andrer ist dabei?

Jetzt musst du's nur noch selber fassen,
dass es grad ist, so wie es ist.
Du kannst das Schwere einfach lassen,
oder hast du's schon vermisst?

Dann heb es auf und leg's dir über.
Spürst du, was es mit dir macht?
Ja, auch die Stimmung, die wird trüber.
Doch dann, hat was in dir gelacht.

Du weißt ja, wie es leichter wird,
die Last wirfst du jetzt auf den Mist,
du brauchst sie nicht mehr um zu sein,
das, was du sowieso nicht bist.

Ja, man muss das Wort bemühen,

wenn man etwas sagen will,
oder aber hält die Klappe
denn Worte gibt's ja schon so viel.

Doch ich kann es halt nicht lassen,
wer auch immer das hier ist,
diese Text zu verfassen,
und du bist es, die das jetzt liest.

Die Worte kommen angeflogen.
Woher? Das kann ich auch nicht sagen.
Vielleicht hab' ich sie angezogen,
sie kamen meist, ohne zu fragen.

Das Wort verbindet mich mit dir.
Es rührt in dir auch etwas an.
Doch keins der Worte gehört mir,
und manchmal wird es zum Gesang.

Es lässt in dir Gefühl entstehen,
und mancher Gedanke stellt sich ein.
Das Wort lässt manchmal klarer sehen,
vielleicht stellt's dir auch mal ein Bein.

Da gibt's die harten und die weichen,
doch jeder hört was andres raus.
Sie können durch Geschichten schleichen,
vielleicht entsteht was Neues draus.

Ich lass' es einfach mal so stehen,
und übergebe diese Worte hier.
Vielleicht wirst du am Ende sehen:
„Ja, sie machen was mit mir."

Es ist nur ein Pflaster,

das du auf diese Wunde klebst.
Doch die Wunde blutet weiter,
auch wenn du in den Himmel schwebst.

Dort triffst du manchen Engel,
vielleicht ist Gott auch nah.
Doch gibt's auch hier versteckte Mängel,
nachdem man sich all das besah.

Geboren werden, wieder sterben,
dann geht der Tanz von vorne los.
Willst du dich bei Gott bewerben?
Vielleicht ziehst du ein Höllenlos?

Nichts mehr sein, kein Gott, kein Engel,
und auch ‚Mensch sein', ist 'ne Last.
Du verstehst nicht das Gedrängel,
um das Werden ohne Rast.

Es ist nicht leicht ein ‚Nichts' zu sein,
doch, es ist auch gar nicht schwer.
Denn wenn du in dieser Freiheit bist,
gibt's dich als ‚Person' nicht mehr.

Und doch ist immer alles da,
nur, du wirst nicht mehr dazu.
Und nach allem was geschah,
hast du endlich deine Ruh'.

Wäre es nicht schön,

wenn du auf diesen ganzen Kram
nicht mehr reagieren müsstest?

Auf den Ärger und das Wollen,
auf das Müssen oder Sollen?
Auf die Angst und all' die Sorgen,
auf das Gestern oder Morgen?

Und auch auf Schatten oder Licht,
darauf reagierst du nicht.
Lässt alles kommen und auch gehen.
Lässt alles sein, so wie es ist.
Musst die Welt nicht mehr verstehen,
willst nicht mehr wissen, wer du bist.

Das Suchen findet so sein Ende,
und gefunden hast du was?
Hast dich oft wie ein Aal gewunden,
kaum war's gehalten, schon zerbrachs.

Jetzt wird es still, in all dem Lärm.
Den Geist, den pflegst du wie 'nen Stern.

Der einfach strahlt aus sich heraus,
und duftet wie ein Blumenstrauß.
Es gibt nichts mehr zu sagen,
und keine weiteren Fragen.

Und falls es doch noch welche gibt,
werden sie nicht mehr getippt.

Hast du in dir auch lose Fäden,

die noch nicht verbunden sind?
Verbindest sie mit manchen Drähten,
Und dann die Frage: Ob ich was find?

Was ist es, was du finden willst?
Die Antwort auf die letzte Frage?
Doch, wie kann man sie nur stellen?
Vielleicht ist sie nur eine Sage?

Du weißt noch nicht mal, was du willst.
Willst aber alles schnell verstehen.
Kein Stein bleibt auf dem anderen liegen.
Hast du das neulich nicht gesehen?

Welche Schlüsse ziehst du jetzt?
Was machst du mit deinen Steinen?
Kaum hast du sie aufeinandergesetzt,
schon fallen sie und du wirst weinen.

Hör auf, nach einem Sinn zu suchen,
du gibst ihm viel zu viel Gewicht.
Und dann die Erkenntnis,
hey, den gibt es vielleicht nicht?!

Ich kann es gut verstehen,
wenn manche nichts mehr sagen,
geben keine Antwort mehr,
egal auf welche Fragen.

Alles ist schon lang gesagt,
und, mehr gibt es eben nicht.
Und auch, wenn ich es anders will,
sagen manche: „Sei einfach still."

Was könnte schon Bedeutung haben,

in diesem wirren, bunten Spiel?
Vielleicht Sinn und Erfüllung finden?
Und irgendwann ein sich'res Ziel?

Der Himmel, als das ewige Bleiben?
Nirvana, als das Ende von Leiden?
Als ewiger Moment, das Jetzt?
Und schon fühlst du dich leicht gehetzt.

Du willst das Leben gut verleben?
Das will ich auch, wer will das nicht?
Sich selber eine Chance geben,
auf die Wahrheit stets erpicht?

Um was es geht, ist nicht ganz klar.
Weißt nichts vom Anfang oder Ende,
und als ich mir den Weg besah,
gab es nur die leeren Hände.

Die immer was ergreifen sollen,
und dann zu einer Faust geballt,
alles feste halten wollen,

was sie einmal festgekrallt.

Dann wird es schwer, nicht leicht zu tragen,
denn Fäuste öffnen sich nicht leicht.
Wirst du deine Öffnung wagen?
Bevor das Leben ganz verbleicht?

Erst lacht man laut darüber,
wenn es nicht so traurig wär.
Aber geht es mir denn anders,
und geb' ich Dinge gerne her?

Wovon ich glaube, dass sie was nützen
und mir eine Richtung geben?
Ich kann sie wechseln wie die Mützen
und habe so ein buntes Leben.

Die spirituelle Bulimie
hat Auswüchse, so, wie noch nie.
Und, als sie sich so ratlos fand,
nahm sie schnell ein Buch in die Hand.

Dort steh dann alles, schöngeschrieben,

über Wahrheit, Freiheit, Lieben,
über Sinn und Zweck und Ziel.
Mehr geht nicht mehr, das ist schon viel.

Die Worte werden's niemals treffen.
Mach dir nichts vor, sie treffen's nicht.
Bedeutung wirst du niemals finden,
auch Ziel und Sinn haben kein Gewicht.

Was könnte schon Bedeutung haben,
in diesem wirren, bunten Spiel?
Vielleicht Sinn und Erfüllung finden?
Und irgendwann ein sich'res Ziel?

Wir alle mittendrinn in diesem Lebensspiel,

die Frage stellt sich nach dem Lebensziel.
Alle haben sie was zu sagen.
Doch darauf folgen weitere Fragen.

Weiß jemand was, was wirklich stimmt?
Eine Antwort auf die Frage, die mich mitnimmt?
Die mich hält, die mich nährt, mir einen Weg
zeigt?

Wohin allerdings, weiß niemand zu sagen.
Und immer wieder neue Fragen.
Ein ewiger Tanz, der sich ausgleichenden Kräfte.
Ein Tanzen, ein Schwimmen
und vollgeschriebene Hefte.
Ohne Form ohne Inhalt ohne Zweck und
Bedeutung, was gestern noch galt,
erfährt heute die Häutung.

Kein Halten, kein Bleiben, aber wir sind ja
bescheiden, zum Überleben mal eben eine Kuh
ausweiden.

Ach ja, die Liebe das große Wort,

man hört es hier, hört es dort,

fast an jedem Ort.

Doch niemand weiß genau,

was sie wirklich ist.

Dann höre ich, was die Weisen dazu sagen.

Eine Antwort, eine letzte – und keine weiteren

Fragen!?

Ein Raum der verbindet, wo das ‚ich' verbrennt,

wo die Einheit nicht mehr wegrennt, sich selbst

erhält.

Die da ist, die da bleibt auf der ganzen Welt.

Wo die Zeit einfach stillsteht –

und nichts mehr weggeht.

Ein ewiges Bleiben – das muss man nicht

schreiben, irgendwohin –

weil ich ja sowieso immer hier bin!

Spüre Hände, meine Beine, mein Gesicht

meinen Bauch, ach ja, und Du übrigens auch.

Eine Sehnsucht, die mich ruft, die in mir brennt.

Gibt es einen Weg den jemand kennt?

Genaugenommen, geht's um Nichts.

Um was genau könnte es schon gehen?
Hast dich so oft umgeschaut,
und – was hast du gesehen?

Hier etwas und dort etwas,
doch alles war im Wandel.
Die Gier, die Liebe und der Hass,
gehüllt in manchen Mantel.

Ständig bemühen, immer was machen,
Pflichten erfüllen, und andere Sachen.
Schlafen gehen, wieder erwachen.
Aber, was soll man sonst schon machen?

Alles gelutscht, alles geleckt,
alles gerochen und alles geschmeckt.
Alles gefühlt, vieles gedacht.
Plötzlich hat es laut gelacht.

Ist irgendwas wichtig, ist irgendwas richtig?
Könnte irgendwas anders sein?
Manchmal ist's leicht, manchmal ist's schwer,
oder gibt's im Leben noch mehr?

Wir spielen jetzt einmal ein Spiel:

Zu diesem Spiel brauchst du nicht viel.
Du brauchst nur dich, das ist genug,
vielleicht erkennst du den Betrug.

Du glaubst, dass du 'ne Seele hast,
das Ding, was ewig lebt?
Das von Leben zu Leben geht,
und ohne Rast durch Räume schwebt?

Du glaubst, dass du der Körper bist,
der ständig sich verwandelt,
aus Elementen nur besteht,
der hier und dort mal handelt?

Du glaubst, dass du die Gefühle bist,
die ständig kommen und gehen?
Doch auch sie haben ihre Frist,
das kannst du immer sehen.

Du glaubst, dass du die Gedanken bist,
wo kommen die nur her?
Die meisten davon kennst du nicht,
dein Geist ist selten leer.

Du glaubst, dass du die Wahrnehmung bist,
die sofort die Meinungen bilden?
Noch während du nach den Sternen griffst,
waren sie schon am Vergilben.

Jetzt halt mal an, und schau dich um,
hier gibt's auch nichts zu glauben.
Genaugenommen gibt's dich nicht,
kannst daran auch nicht schrauben.

Was wäre, wenn es anders wär',

als du es immer dachtest?
Und es käme was daher,
und nimmt was du bewachtest?

Dein Glaube, deine Meinung,
deine Hoffnungen und Ideen?
Lass all diese Erscheinungen
einfach mal gehen.

Entdecke die Leere,
aus der alles entsteht,
und du merkst wie das Schwere,
langsam entschwebt.

Aus dem Nichts hörst du Worte,
noch niemals gehört,
und du wunderst dich selbst,
fühlst dich gar nicht verstört:

„Da gibt es kein ich,
und es gibt auch kein du."
Das ewige Suchen kommt hier zu ruh'.
Erleuchtung und Himmel und andere Orte,
finden hier überhaupt keine Worte.

Es gibt keinen Guru oder heiligen Meister,
es gibt hier noch nicht mal die bösen Geister.

Nichts Gutes, nichts Schlechtes
und auch keinen Weg,
es gibt nichts zu erreichen,
keinen sicheren Steg.

Keine Lebensgeschichte,
nur der hypnotische Traum,
bei genauer Betrachtung wird er zu Raum.

Alles ist, wie es ist
könnt anders nicht sein.
Alles ist nur das Eine
und erscheint auch als zwei.

Es gibt eine Quelle, aus der alles entsteht,
und es gibt niemand, der das versteht.

Anscheinend ist's so,
wer kann es schon sagen,
leider gibt's niemand,
um ihn zu fragen.

Hast du es auch schon mal bemerkt,

dass du oft nach vorne schaust?
Willst immer zu dem Nächsten gehen,
was anderes als das Hiersein sehen?

Doch kaum bist du dort angelangt,
fängt es wieder an zu brennen.
Die Zukunft ist zum Jetzt geworden,
und schon wieder dieses Drängen.

Weiter, weiter, der nächste Schritt,
doch, wohin wird er dich bringen?
Du machst das schon so lange mit,
willst in die Zeit reinspringen.

Doch Zeit, die gibt es nun mal nicht,
im direkten Hier-erleben.
Hier gibt es nur das, was jetzt ist,
nur in Gedanken kannst du schweben.

Zum Gestern, zum Morgen, das ist die Zeit.
Dein Leben den Geschichten borgen,
da ist etwas, was in dir schreit:
„Da gibt es nichts, da gibt es nichts,
was ewig immer bei mir bleibt."

Entspann' dich in den leeren Raum
hier gibt es nichts, was dich mehr treibt.

Die Sache mit der Depression,

hat jeder schon einmal gefühlt.
Doch ich glaub, man versteht sie kaum,
wenn sie besetzt den geistigen Raum.

Was ändert sich an deinem Blick?
Das Leben ist noch wie zuvor.
Oder spielt es einen Trick,
und nimmt dir jeglichen Humor?

Du willst das Schöne feste halten,
doch du merkst, dass es nicht geht.
Die Wärme fängt an zu erkalten,
und alle Hoffnung wird verweht.

Es gibt kein Halten irgendwo,
das glaubt nur keiner, ist halt so.
Und dann kommt dieses ‚Sich-Bemühen‘,
willst, dass verwelkte Blumen blühen?

Willst, dass das Schöne immer bleibt?
Willst das Glück, das niemals geht?
Willst nicht den Schmerz, der manchmal reibt?
Und willst wissen, was niemand versteht?

Ja, es tut im Herzen weh,
dass wirklich nichts zu halten ist.
Und es ist nicht nur 'ne Idee,
dass du zum Tod verurteilt bist.

Tja, das sind die Lebensfakten,
und nichts an ihnen kannst du ändern.
Lege sie nicht zu den Akten,
und suche nicht nach neuen Ländern.

Wie heißt die Sehnsucht, die in dir brennt?
Deren Erfüllung jeder will?
Wonach ein jeder meistens rennt,
manchmal laut und manchmal still?

Du glaubst, dass es ein Ankommen gibt?
Im Nirvana oder Himmel?
Das Gott ins Paradies dich schiebt,
doch, hörst du diese kleine Bimmel?

Sie soll dich wecken aus dem Traum
auf ewiges Verweilen,
du übersiehst den weiten Raum
den kannst du niemals Teilen!

DAS bist du, dieser weite Raum,
und nicht, was kommt und geht.
Alles platzt wie weißer Schaum,
der Rest, der wird vom Wind verweht.

Für meinen Sohn

Hey, Samuel ich danke dir,
dass du in meinem Leben bist,
und wärest du nicht hier,
ich hätte dich bestimmt vermisst.

Das Leben will immer weiter gehen,
und wir sind ein Teil davon.
Einmal konnt' ich's deutlich sehen,
nachdem ich diesen Berg erklomm.

Ein großes Bild eröffnet sich,
ich sah all die Zusammenhänge,
und darin beweg ich mich.
Ich höre gern auf die Gesänge.

Doch jedes Lied wird einmal stumm,
vielleicht beginnt ein neues bald,
und da läuft man so herum,
in diesem Leben, so ist es halt.

Und nach allem was geschah,
ist nichts geblieben wie es war.

Es war ein Tanz genannt: das Leben,
und auch du wirst mal entschweben.

Woher, wohin und all die Fragen
und besonders das ‚Warum?‘
Alle können sie was sagen,
und alle sind am Ende stumm.

Was wirklich zählt und wertvoll ist,
ich glaub‘, das ist die Liebe.
Wo du erfüllt verbunden bist
in der ewigen, zeitlosen Wiege.

Wenn Du morgens früh erwachst,

und nicht gleich irgendetwas machst,
sondern tief in dich reinlauschst,
hörst du wie die Stille rauscht?

Obwohl – Rauschen, ist das falsche Wort.
Hör mal hin, was ist denn das?
Keine Töne – keine Laute
sag, wie heißt nur dieser Ort?

Was gibt es da?
Hör' dich mal um.
Keine Töne werden laut.
und dein Geist bleibt stumm.

Nicht, dass er sich nicht selbst wahrnimmt,
oder seine Stille hört.
Dieser Ton ohne den Klang,
der immer ist und niemals stört.

Muss es wirklich etwas sein?
Oder reicht das Sein sich selbst?
Wie ein grenzloser Raum,
der nichts hält, sich selbst erhellt.

Lass alles gehen, halt nichts fest.
Alles geht doch sowieso.
Erscheinungen wie Seifenblasen,
machen kurze Zeit nur froh.

Dann bleibe hier, direkt bei dir,
da gibt es keinen besseren Ort.
Hier hört alle Bewegung auf,
und für nichts gibt es ein Wort.

Alles ist im Fluss,

und alles ist im freien Fall,
doch weil wir soviel Angst haben,
binden wir uns ständig an.

An eine unsich're Sicherheit,
die nie hält, was sie verspricht,
und ich erkenne schnell,
dass auch sie am Fallen ist.

Und wenn schon Fallen, falle richtig,
dem sich'ren Aufschlagen bewusst,
und langsam erfreust du dich
an deinem eigenen Gewicht.

Gib dich hin, an diese Kraft,
die manche gern als Gott bezeichnen,
andre' sagen dazu Leben.
Egal wies heißt, genieß dein Schweben.

Freiheit ist auch nur so ein Wort,
sie wird erlebt, wenn alles schweigt,
und kein weiterer Gedanke
dir scheinbar neue Wege zeigt.

Die bekannten, ausgetretenen,
staubig, voller altem Dreck.
Immer nur das Alte leben,
und schon ist diese Freiheit weg.

Tu nur DAS, was du grad' machst.
Es gibt nichts Wichtigeres im Hier.
Auch hast du's tausendmal gemacht,
bleibt's trotzdem neu, das verspreche ich dir.

Nichts ist wichtiger als was andres,
alles folgt seiner Natur,
und in der ewigen Bewegung
legst du unsichtbar 'ne Spur.

Dann hast du alles ausgelutscht
bist immer noch nicht satt?
Und daran ist auch Garnichts falsch,
denn das ist alles, was die Welt hat.

Doch wichtig ist nichts wirklich,
die Echtheit ist dein Talisman,

und wenn die Freude dann noch kommt,
kommst du ganz nah an dich heran.

Dann schau dich um, und schaue neu,
die ersten Schritte, etwas scheu.
Und ist die Angst erst einmal tot,
bringt sie dich niemals mehr in Not.

Allein zu sein, getrennt zu sein,
einsam durch die Steppe wandern …
Du bist der große weite Raum.
Das ‚Ich' jedoch erkennt es kaum.

Dann ruhe aus, in deinem Sein.
Du musst dir nie mehr Namen geben,
und in dieser Leichtigkeit,
kannst du bis zum Ende leben.

Die Zukunft spielt
eine Rolle, aber erst später —

Warum?
Das ist die falsche Frage;

denn eine Antwort gibt es nicht.
Darum, ist alles was ich sage,
und fragend bleibt dein Angesicht.

Es verschieben sich nur Grenzen,
wenn du meinst, etwas zu wissen,
und trotz aller Turbulenzen,
willst du Grenzen auch nicht missen.

Sie schränken ein und geben Rahmen,
halten Dinge oft auch fest.
Sie geben sich auch neue Namen,
doch dazwischen bleibt ein Rest.

Das ist der Teil, den du dann kennst.
Du glaubst es jetzt zu wissen,
doch auch hier ist es begrenzt,
was sagt dir dein Gewissen?

Es sagt: ich will die Freiheit lecken,
will sie riechen, will sie schmecken,
will in ihr zuhause sein.

Doch Grenzen lassen dich nicht rein.

Für Freiheit zahlst du einen Preis.
Manch' Schranke musst du niederreisen,
den Zweifel musst du auch verweisen
und vergiss den Satz: „Ich weiß."

Da ist, was nicht benennbar ist,
und doch kannst du es fühlen,
und auch wenn du's vergisst,
wird es weiter in dir wühlen.

Sei froh darüber, freue dich,
dass dich die Freiheit nicht vergisst.
Und wenn der Tod kommt frag man sich:
„Hab ich irgendwas vermisst?"

Was war richtig, was war wichtig?
Hab' in der Liebe ich gelebt?
Was konnt' ich halten, was war nichtig.
Lass alles gehen, wenn es bebt.

Dann bleibt nur das, was immer war.
Was nie kommt und niemals geht.
Ja, du warst ein Menschennarr,
und niemand gibt's, der das versteht.

Es ist wie diese Perle,

sie klebt schon lang auf deiner Stirn.
Dein ganzes Leben suchst du sie,
zermarterst ständig dein Gehirn.

Wo ist sie nur, wo ist sie nur?
Du kannst sie nirgends finden.
Dann findest du 'ne neue Spur,
und suchst nochmal von hinten.

Denn vorne war sie nicht zu sehen,
und auch dazwischen war sie nicht.
Einmal um die Welt rumgehen,
und du schaust nie in dein Gesicht.

Und nach einem halben Leben,
sitzt du hoffnungslos im Gras,
und siehst wie direkt daneben,
dieser ein kleiner Junge saß.

Ganz spielerisch und ohne Wollen
springt er herum, macht dies und das,
kein müssen, machen oder sollen,
was war das, was da fiel ins Gras?

In einem ziellosen Moment,
wo Suchen schnell zur Ruhe kam,
lag da plötzlich diese Perle,
der Rest war nur noch alter Kram.

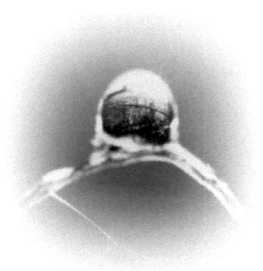

Vom Spiegelbild komme zu dir

und sage mir, was siehst du hier?
Hier siehst du niemals ein Gesicht,
nein, ein Gesicht, das siehst du nicht!

Es ist hier oben leer und weit
und immer gleich empfangsbereit.
Durch diesen Raum da ziehen Dinge,
es ist, als ob was drinnen hinge.

Aber kaum bewegst du dich,
ist was anderes im Gesicht.
Und machst du deine Augen zu,
hast du sofort deine Ruh'.

Wenn da nicht die Gedanken wären,
ja, sie sind ständig bereit
und sie wollen sich vermehren,
verführen dich in jede Zeit.

Lass sie ziehen durch den Raum,
sie können niemals bleiben,
sie gestalten manchen Traum,
lasse sie wie Wolken treiben.

So, und jetzt? Gibt's was zu tun?
Hältst du diese Stille aus?
Kannst du in ihr freudvoll ruhen,
und fühlst dich bei dir selbst Zuhaus'?

Der Ärger ist ein guter Freund,

hast du ihm jemals zugehört?
Oder hast du dich aufgebäumt,
fühltest dich von ihm gestört?

Frag ihn mal warum er ist,
wenn andere dich treten,
wenn sie dich ziehen in den Mist,
und es hilft kein beten.

Dann kommt der Ärger, will dich schützen
und baut 'ne Mauer um dich rum,
auf die kannst du dich sicher stützen,
und du machst dich nie mehr krumm.

Er ist ein Werkzeug, wie ein Hammer
der einen sich'ren Abstand schafft.
Und noch bevor er kommt, der Jammer
oder 'ne neue Wunde klafft.

Ja, er wählt die harten Worte,
zeigt den andren eine Grenze,
und plötzlich hält sie an die Horde,
und sie ziehen ein die Schwänze.

Dann hat er seinen Job gemacht,
bedanke dich und lad ihn aus.
Doch gibt ihm einen guten Platz,
in deinem großen Seelenhaus.

Das ewige Machen,

weinen und lachen,

gewinnen, verlieren

in der Welt herumirren.

Lieben und hassen

halten und lassen,

suchen und finden,

sich im Schmerze winden.

Das hier und das dort,

es bleibt und geht fort,

das Gestern und Morgen,

sich der Zeit ausborgen.

Bleibt etwas, wenn alles geht?

Das, was nicht der Wind verweht?

Was nicht platzt, wie Seifenschaum

Gibt's den stillen, leeren Raum?

Nur ohne ‚ich' kannst du dort sein,

mit ihm kommst du dort niemals rein.

Die Eintrittskarte ist sein Tod.

Hier ist die Freiheit ohne Not.

Und ...?

Was hast du herausgefunden?
Gibt es einen Wert im Leben?
Gibt es eine klare Richtung
oder zieht jemand die Fäden?
Gibt es Sinn oder ein Ziel?
Oder ist es nur ein Spiel?

Hättest du drei Wünsche frei,
sage mir, was wär' dabei?
Immer glücklich, freudvoll leben,
in der Liebe stets vereint?
Auch das Geld, das soll nicht fehlen,
denn dann lebt man sorgenfrei?

Liebe Menschen, gute Freunde,
ja, das ist es was es braucht.
Doch am Schluss aller letztendlich,
waren auch sie nur wie ein Hauch.

Ja, altbekannt ist diese Leier:
Dass nichts bleibt, so wie es ist.
Und war das Leben eine Feier,
bleibt doch noch was, das du vermisst?

Glücklich – will ich gar nicht sagen.
Erfüllt – ist ein viel besseres Wort.
Hast du denn noch offene Fragen,
oder suchst du nach 'nem anderen Ort?

Was hoffst du dort zu finden?
Das, was du hier nicht finden kannst?
Was ist es wirklich, was dich treibt?
Du hast dir doch alles schon einverleibt.

Doch plötzlich kannst du's nicht mehr schmecken,
was ach, so gut sich angefühlt.
Wie kann das sein, der Wohlgeschmack,
vorher warm, jetzt unterkühlt?

Die Weisheit sagt: Hier gibt es nichts,
was immer bleibt, so wie es ist.
Ja, es ist die alte Leier,
sage mir, was du vermisst.

Was, du kannst es nicht mal sagen?
Hast nur ein Gefühl, das hungrig ist?
Niemand beantwortet deine Fragen,
doch du willst wissen, wer du bist?

Dann schaue hin und schaue gut,
erkenne, was da spricht und handelt,
was nicht verbrennt in Feuersglut,
nicht kommt, nicht geht, sich niemals wandelt.

Du bist der Raum, in dem alles geschieht,
wo alles kommt und wieder geht.
Und wenn man das dann deutlich sieht,
ist niemand da, der das versteht.

Und jetzt ...?!

Wisse, dass du sterben wirst,

vielleicht an einem Tag wie heute.
Dann kommt der Ruf von irgendwo,
nichts kannst du machen, das ist dann so.

Vielleicht kommt da so ein Gefühl,
und eine Frage, die wird laut:
Was war das eigentlich, das Leben?
Und wohin werde ich entschweben?

Der Gedanke an den eigenen Tod,
hat einen großen Wert.
Besinn dich auf das Wichtige,
das Wahre, Gute, Richtige.

Was das ist, musst du selbst erfühlen,
so irgendwo, ganz tief in dir.
Da weißt du eigentlich schon alles,
und findest du's, erzähl es mir.

Das Wissen um den eigenen Tod,
ist irgendwie ein Filter,
dort schickst du alles Mögliche durch,
dann schau auf diese Bilder.

Vielleicht kommt eine leise Stimme,
die sagt zu dir, das war nicht gut.
Noch hast du Zeit zu korrigieren,
bevor du fällst in heiße Glut.

Vielleicht erkennst du, wie du lebtest,
wie du fielst und wieder schwebtest.
Was du gedacht und was gemacht.
Und plötzlich hast du laut gelacht.

Was war wichtig, was war nichtig?
Hab in der Liebe ich gelebt?
Um was ging es eigentlich wirklich?
Was sagt die Stimme, die sich erhebt?

Sie sagt, jetzt ruh dich einfach aus.
Es gibt nichts mehr zu tun.
Überlasse dich dem starken Sog,
und fließ aus diesem Leben raus.

Gib alles hin, halte nichts fest,
lass Liebe das Aroma sein.
Nach allem, was du je erlebtest,

nur in der Liebe willst du sein.

Sie öffnet dich und streichelt dich,
verbindet dich und füllt dich aus.
Es war die Liebe, die du suchtest,
bei jedem Menschen, in jedem Haus.

Vielleicht hast du noch viele Jahre,
auf dieser wunderbaren Welt.
Du ahnst jetzt was zu tun ist,
bevor der Körper ganz zerfällt.

Vielleicht ist ,Tun' nicht ganz richtig.
Ein ,Lassen' sollt es vielmehr sein.
Dann tanzt du leicht mit diesem Leben,
und fließt dann in die Einheit rein.

Der Autor

Matthias Dhammavaro Jordan

lebte zwölf Jahre als buddhistischer Mönch in Thailand, Sri Lanka und Europa.

Heute ist er Heilpraktiker für Psychotherapie und Seminarleiter für Meditation und Achtsamkeit. Seit 2013 Autor beim ViaNova Verlag, Petersberg.

Er lebt in der Nähe von Fulda.

www.achtsamkeits-training.com

Weitere Veröffentlichungen von
Matthias Dhammavaro Jordan

Ruheloser Geist trifft Achtsamkeit
Aus der Zeit in den Moment – Übungen, Impulse und
Meditationen
(Mit neuer Ausstattung)

Einfachheit und Tiefe sind die
Qualitäten dieses Buches. Der
ehemalige buddhistische Mönch
spricht aus eigener Erfahrung,
verständlich, unterhaltsam, lehr-
reich, inspirierend und mitten im
Leben stehend.

ViaNova Verlag
ISBN: 978-3-86616-515-1
Taschenbuch, 160 Seiten
3. Auflage
12.95 €
(Auch als E-Book erhältlich)

Erfahre dein wahres Selbst
Eine Reise in die Weite des Seins

„Wer bin ich eigentlich wirklich – hinter all den Gefühlen,
Gedanken, Persönlichkeitsanteilen, Masken und inneren
Stimmen?" Haben Sie sich diese Frage
auch schon mal gestellt? Dann haben
Sie mit diesem Buch nun die gute
Chance, darauf wirklich eine Antwort zu
finden.

ViaNova Verlag
ISBN: 978-3-86616-361-4
Paperback, 224 Seiten
1. Auflage
14.95 €
(Auch als E-Book erhältlich)

Als ich verlor, was ich niemals war
Wie der Buddhismus mein Leben verändert hat
14 farbige Fotos

Viele Menschen beschäftigen sich heute mit Buddhismus, Meditation und Achtsamkeit, doch nur sehr wenige Westeuropäer haben den Buddhismus je an seiner Quelle studiert. Matthias Dhammavaro Jordan ist einer dieser wenigen.
12 Jahre lebte er als buddhistischer Mönch in der Theravada Waldtradition.

ViaNova Verlag
ISBN: 978-3-86616-474-1
Klappenbroschur, 352 Seiten
1. Auflage
20.00 €
(Auch als E-Book erhältlich)

Karten der Achtsamkeit
(56 Karten)

Sich im Alltagstreiben stets an das Wesentliche erinnern, innehalten, die Kostbarkeit des gegenwärtigen Moments erfahren und sich von meditativen Botschaften inspirieren lassen – das ist das große Herzensanliegen dieses Kartensets der Achtsamkeit.

ViaNova Verlag
ISBN: 978-3-86616-477-2
Kartenset mit Begleitbuch
19,95 €

Meditationen und Achtsamkeitsübungen für den ruhelosen Geist

Diese CDs bieten 8 bewährte und wirkungsvolle Meditationen und Achtsamkeitsübungen für jeden Tag und für verschiedene Lebenssituationen.

ViaNova Verlag
ISBN: 978-3-86616-352-2
Doppel CD, 129 Minuten
14,95 €

Worte der Stille

29 inspirierende Gedichte und Betrachtungen. Sie berichten von Freude und Leid, vom Suchen und Finden, von Sinn und Bedeutung, vom Leben und Sterben, von Weisheit und Liebe und erinnern daran, das Wesentliche nicht aus den Augen zu verlieren.

Bestellung und Auslieferung dieser CD erfolgen über den Autor oder den ViaNova Verlag.
Housemaster Records
EAN 4020796489847
CD, 62 Minuten
12.50 €

Hsin-hsin Ming

Verse über das vertrauende Herz

Das Hsin-hsin Ming, von Seng-ts'an, wird als das erste, klare und umfassende Zeugnis des ZEN erachtet. Im 6. Jahrhundert verfasst, sind diese Worte heute noch genauso bedeutungsvoll wie damals.

BoD – Books on Demand; 1. Auflage
ISBN: 978-3756205424
6,90 €
(Auch als E-Book erhältlich)